Nordfriesland vor der Sturmflut von 1634
Tondern
Nijboll
Bredtstede
STRAND
Husum
Nordfriesland heute
List
Kampen
Westerland
Keitum
Rantum
Morsum
SYLT
FÖHR
AMRUM
PELLWORM
NORDSTRAND
Tondern
Niebüll
Bredtstedt
Husum
Tönning

DIE INSEL

Bilder von Sylt
Geschichten über Sylt
Menschen auf Sylt

Ein STERN-Buch
von Michael Jürgs und
Tassilo Trost

Herausgeber: Henri Nannen
Redaktion: Victor Schuller
Gestaltung: Karlheinz John
Produktion: Druckzentrale G+J
Druck: Brillant-Offset GmbH & Co, Hamburg

1. Auflage 1978
ISBN: 3-570-06650-9

Wie Dichter dem Zauber Sylts verfielen und was sie davon unter die Leute brachten

Julius Rodenberg
Alfred Kerr
Ernst Penzoldt
Ernst Willkomm
Wilhelm Raabe
Stefan Zweig
Thomas Mann
Gerhart Hauptmann
Ernst von Salomon
Max Frisch
Carl Zuckmayer
Rainer Maria Rilke

Sylt ist eigentlich nicht zu fassen. Die wenigsten haben eine bündige Antwort auf die Frage, was denn nun den Reiz und den Zauber dieser Insel ganz konkret ausmache. Hunderttausende fahren in jedem Jahr hin, Hunderttausende schimpfen über sündhaft hohe Preise und manchmal mieses Wetter, Hunderttausende aber kommen Jahr für Jahr wieder, als erwarteten sie sich auf Sylt irgend etwas, das es sonst nirgendwo gibt. Aber was?

Einfach ist die Beschreibung Sylts für den, der sich in einem Lexikon kurz faßt. Der Text unter dem Stichwort Sylt könnte so lauten:

Die Insel erstreckt sich zwischen 54° 44′ und 55° 3′ nördlicher Breite sowie zwischen 8° 16′ und 8° 30′ östlicher Länge. Sie liegt etwa auf gleicher Höhe wie Königsberg oder Newcastle. Der geringste Abstand zur Westküste Schleswig-Holsteins beträgt von der Nössespitze bei Morsum aus acht Kilometer, und die weiteste Entfernung nach Niebüll wird von Hörnum aus gemessen: 27,5 Kilometer. Das Land im Westen liegt rund 600 Kilometer entfernt: die britischen Inseln. Die offiziellen Längen- und Breitenangaben über die Insel – vom Ellenbogen nach Hörnum: 38,5 Kilometer, von Westerland bis Morsum: 12,6 Kilometer – sind überholt. Die Sturmflut vom Januar 1976 hat einiges von dem verändert, was das Katasteramt Husum 1973 ermittelte. Auch die Fläche von 99,14 Quadratkilometer war einmal – die See hat tüchtig daran genagt.

Ob der Name Sylt von dem dänischen Wort Sild - Hering stammt oder von silendi - Seeland, ist Streit der Experten.

Die Sylter Fremdenverkehrsleute haben aus der Insel kurzerhand eine Möwe gemacht: Hörnum der Schwanz, linker Flügel Westerland, rechter Flügel Morsum, die Schnabelspitze der Ellenbogen bei List. Das macht sich gut auf Postkarten, und wer über Sylt fliegt, könnte schon denken: Richtig, das Ding sieht aus wie 'ne Möwe.

So einfach könnte man „das Ding Sylt" umschreiben. Zum Glück aber für Sylt und zum Glück für uns Nachgeborene haben sich Poeten, Schriftsteller und Maler gern und oft auf Sylt aufgehalten. Auch wenn sie nur als Badegäste kamen, Sylt also nie eine Künstlerkolonie wie die Ostseeinsel Hiddensee war, haben sie Spuren hinterlassen, haben sie das in Worte gefaßt, was Sylt in ihnen wachrief.

Julius Rodenberg schreibt in seinem „Stilleben auf Sylt" über seine Eindrücke von Westerland im Jahre 1861: „Hier sind wir am fernsten Nordseestrande. Ein kleines, friedliches, stilles Haus unter den Dünen beherbergt uns. Die Wände sind weiß, die Decke ist niedrig, von den Fenstern läßt nur eines halb sich öffnen, die anderen sind fest zugenagelt. Denn scharf streicht der Wind über Sylt. Unser Blick geht südwärts auf die weite, breite Heide. Einzelne Häuser sind hier verstreut, andere liegen dort beisammen. Wie einsam ist es auf Sylt. Am Abend, als ich ankam und ein Rauschen, halb des Meeres, halb des Windes, auf dem sanften Rasenboden aber keines Menschen Tritt gehört ward, während mich das Geheimnis der Dunkelheit und des Unbekannten umgab: da hatte ich die Empfindung, als könne man hier ein neues Leben voll schweigender Glückseligkeit beginnen."

Dieses Gefühl von „glückseliger Einsamkeit" beschreibt auch 50 Jahre später der berühmt-gefürchtete Berliner Theaterkritiker Alfred Kerr: „Nirgends fühlt sich der Mensch so wohl wie auf einer schmalen Insel mit Dünen-Hochtälern und Möwennistungen zwischen zwei Meeren, mit Salzluft und braunviolettem Heidepelz und geduckten Friesenhäusern, von Steinwällen umhegt, mit einem gelben Mond darüber, einem einsamen Leuchtturm und stillen feinen nordwestdeutschen Menschen – unbäuerischen Bauern . . . Manchmal fährt man nordwärts, an ein verlassenes Gestade. Von der Meerseite sind nur Sandberge sichtbar. Hinter dem Sand öffnen sich grüne Hochtäler, grüne Hochmulden. Geflöt kommt von der allen Einsamkeiten preisgegebenen Meeralm, hinüber, herüber! . . . Immer das gleiche Gefühl: Kein Mensch, aber zwei Meere. Das enge stille mit den versunkenen Städten . . . und das große, das die Fluten nach Schottland trägt."

Alfred Kerr

Ernst Penzoldt stellt Fragen nach den Ursachen für seine Sylt-Liebe und gibt in seinen Fragen gleich Antworten: „Weil der Himmel hier größer, viel größer und abwechslungsreicher ist als irgendwo sonst auf der Welt? Weil das Meer und das Watt alle Farben meines Aquarellfarbkastens annehmen können, vom unheimlichen, fast schwarzen Indigo bis zum durchsichtigsten, wangenzartesten Rosa, in alle Metalle, Seidenstoffe und Edelsteine sich verwandeln können? Oder weil man hier wie nirgends so genau weiß, welche paar Menschen man hier haben möchte, als wäre dieser seltsame Ort der eigentlichste, natürlichste Maßstab für menschliche Sympathie, die ach, so wählerisch und oft so schrecklich ungerecht ist?"

Ernst Penzoldt

Noch verwunschener empfindet diesen „seltsamen Ort" der Romancier Ernst Willkomm („Die Europamüden"), seit 100 Jahren vergessen und Ende der sechziger Jahre von einer zivilisationsüberdrüssigen Generation wiederentdeckt. Willkomm 1850: „Man kennt diese Insel kaum dem Namen nach in Deutschland, man besucht sie noch seltener. Niemand wird es gereuen, seinen Fuß an den wunderbaren Strand dieses Eilandes zu setzen, das einem geheimnisvollen Märchen der nordischen Welt zu vergleichen ist."

Auch Wilhelm Raabe, der 1867 wegen der „heiligen Salzluft" auf ärztlichen Rat hin in Westerland kurte, läßt sich von dem „geheimnisvollen Sylt" gefangennehmen. In seinem Novellenband „Deutscher Mondschein" beschreibt er einen nächtlichen Spaziergang am Strand zwischen Wenningstedt und Westerland. Der Mann, der von den Dünen auf ihn herunterrollt und mit ihm gemeinsam die Lichter von Westerland sucht, entpuppt sich als mondsüchtiger Jurist, der beim Anblick des Mondes in Panik gerät.

Wilhelm Raabe

Stefan Zweig ist 1922 in Westerland, als Walter Rathenau ermordet wird: „Hunderte und Aberhunderte Kurgäste badeten heiter am Strand. Wieder spielte eine Musikkapelle wie an jenem Tag, als Franz Ferdinands Ermordung gemeldet wurde, vor sorglos sommerlichen Menschen, als wie weiße Sturmvögel die Zeitungsträger über die Promenade stürmten: Walter Rathenau ermordet! Eine Panik brach aus, und sie erschütterte das ganze Reich."

Stefan Zweig

Und Thomas Mann notiert 1927 im Gästebuch von Klara Tiedemanns „Haus Kliffende" zu Kampen; „Nicht Glück oder Unglück – der Tiefgang des Lebens ist es, worauf es ankommt. An diesem erschütternden Meere habe ich tief gelebt, und was es aufregte, das wird, gebe es Gott, irgendwie einmal ehrenhaft fruchtbar werden." Was auch geschieht. Hans Castorp, Held aus dem „Zauberberg", verlebt wie jeder gute Hamburger Ferien auf Sylt: „Auf Sylt hatte er, in weißen Hosen, sicher, elegant und ehrerbietig, am Rande der mächtigen Brandung gestanden wie vor einem Löwenkäfig, hinter dessen Gitter die Bestie ihren Rachen mit den fürchterlichen Reißzähnen schlundtief ergähnen ließ. Dann hat er gebadet, während ein Strandwächter auf einem Hörnchen denjenigen Gefahr zublies, die frecherweise versuchten, über die erste Welle hinauszudringen, dem herantreibenden Ungewitter auch nur nahe zu kommen, und noch der letzte Auslauf des Katarakts hatte den Nacken wie Prankenschlag getroffen. Von dorther kannte der junge Mensch das Begeisterungsglück leichter Liebesberührungen mit Mächten, deren volle Umarmung vernichtend sein würde."

Thomas Mann

Der „schlesische Dichterfürst" Gerhart Hauptmann gar mag Sylt eine Anregung verdankt haben, die sich dann in seinem Drama „Vor Sonnenuntergang" niedergeschlagen hat. Die Gärtnerstochter Inken Peters im Stück soll er auf Sylt in der Bauerstochter Inken Diedrichsen aus List gefunden haben. Was Inken Diedrichsen davon heute erzählt, ist später in diesem Buch in ihren eigenen Worten zu lesen. Gerhart Hauptmanns Tagebucheintragung über die Lister Dünen: „Es ist hier wie auf den Gletschern eines Hochgebirges! Aber diese Einheit von Schneebergen und weitem Meer schafft einen Anblick von solch einem erhabenem Geist, daß mir ist, als habe ich in der Natur nie Ähnliches gesehen."

Gerhart Hauptmann

Nach dem Zweiten Weltkrieg schreibt Ernst von Salomon in Kampen seinen Bestseller „Der Fragebogen", und bis zu seinem Tod gibt es viele Geschichten von ihm, die sich mit Sylt beschäftigen. Max Frisch notiert, ebenfalls nach dem Zweiten Weltkrieg, Kampener Eindrücke in sein Tagebuch: „Dieselbe Insel, bei Nebel und Regen ganz ins Spukhafte verdämmert, hat plötzlich etwas Antikisches. Eine Luft wie Glas: die Ferne ist fern, aber klar und genau, ungespenstisch, heiter und endlich. Das alles gibt es auch im Norden, die blaue Finsternis des Meeres, das Lichterlohe, daß wir nicht wissen, wohin mit dem Dank für unser Dasein."

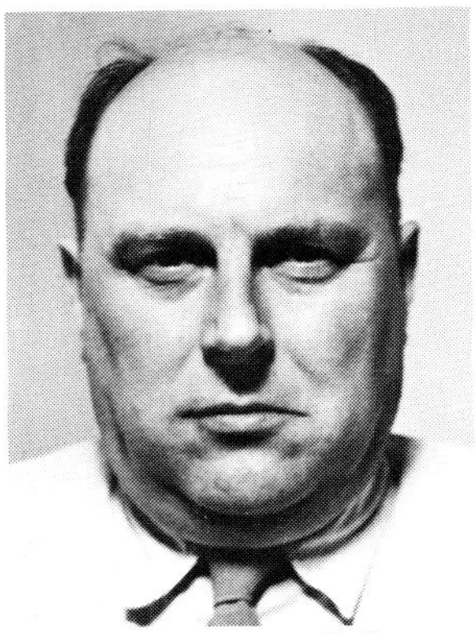
Ernst von Salomon

Carl Zuckmayer

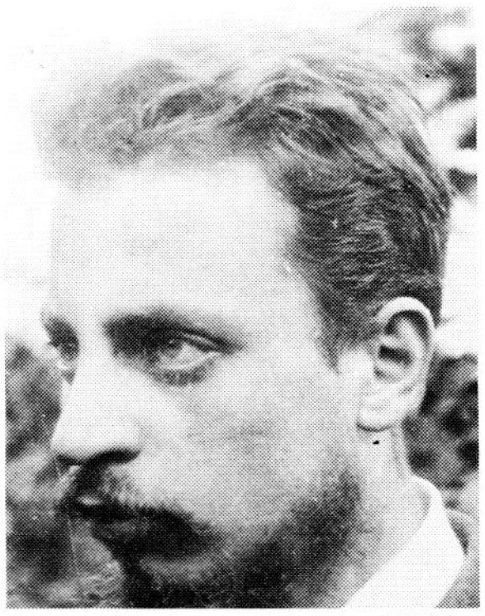
Rainer Maria Rilke

Nicht nur Prosa gibt es über Sylt. Was wäre Sylt ohne Lyrik, da sich doch jeder Dichter, der auf der Insel weilt, an seltsam versponnene, ja fast irrationale Wörter klammert, um sein Berührtsein auszudrücken. Die Silvesternacht 1932/33 verbringt Carl Zuckmayer in Kampen, und da schreibt er ein Gedicht, das schon die finsteren Zeiten ahnen läßt, die da kommen sollten:

Das alte Jahr zu Ende geht
Das neue vor der Türe steht
Das mag ein gut Jahr werden!
Der Nebel in der Heide stockt
der Leuchtturm hinterm Nebel hockt
und hält die Wacht auf Erden.

Es ruht das Meer, es schläft das Watt,
Die Wildgans schläft, von Muscheln satt,
Das Wachs tropft von den Lichtern –
Wir trinken unseren Portwein still:
mag kommen, was da kommen will –
Der Himmel helf den Dichtern!

Und, Glanzpunkt im Reigen derer, die Sylt mit der Seele suchen und finden, das Gedicht „Die Insel" von Rainer Maria Rilke:

Die nächste Flut verwischt den Weg ins Watt,
und alles wird auf allen Seiten gleich;
die kleine Insel draußen aber hat
die Augen zu; verwirrend kreist der Deich

um ihre Wohner, die in einen Schlaf
geboren werden, drin sie viele Welten
verwechseln schweigend; denn sie reden selten,
und jeder Satz ist wie ein Epitaph

für etwas Angeschwemmtes, Unbekanntes,
das unerklärt zu ihnen kommt und bleibt.
Und so ist alles, was ihr Blick beschreibt,

von Kindheit an: nicht auf sie Angewandtes,
zu Großes, Rücksichtloses, Hergesandtes,
das ihre Einsamkeit noch übertreibt.

Als läge er in einem Krater-Kreise
auf einem Mond: ist jeder Hof umdämmt,
und drin die Gärten sind auf gleiche Weise
gekleidet und wie Waisen gleich gekämmt

von jenem Sturm, der sie so rauh erzieht
und tagelang sie bange macht mit Toden.
Dann sitzt man in den Häusern drin und sieht
in schiefen Spiegeln, was auf den Kommoden

Seltsames steht. Und einer von den Söhnen
tritt abends vor die Tür und zieht ein Tönen
aus der Harmonika wie Weinen weich;
so hörte er's in einem fremden Hafen –.
Und draußen formt sich eines von den Schafen
ganz groß, fast drohend, auf dem Außendeich.

Dichter, die ihr Sylt suchten, sind Vergangenheit. Im letzten Jahrzehnt gab es kaum Gedichte mehr über die Insel, statt dessen machte sie Schlagzeilen. Was jetzt über Sylt geschrieben wurde, klang mehr nach „Paradies der Nackten" oder „Spielwiese des Jet-Set" denn nach Dichtung. Wer Sylt-Beschreibungen von heute sucht, findet nichts den früheren Hymnen Vergleichbares, und so muß sich jeder in sich selbst zurückziehen, wenn es darum geht, trotz aller Negativ-Schlagzeilen die wirkliche Insel zu entdecken.

Mein Sylt, das Sylt des Verfassers, ist ein Sylt, das aus Bruchstükken besteht, aus denen im Laufe vieler Jahre mein Bild dieser Insel entstanden ist.

List zum Beispiel kommt mir trotz der vielen neudeutschen Häuser mit seinen wenigen Lichtern nachts immer noch vor wie eine vergessene Radarstation im nördlichen Eismeer, und ich bin immer noch fasziniert, daß es hier oben sommers eigentlich nie richtig Nacht wird. Ich denke, da ich mir mein Sylt vergegenwärtige, an Spaziergänge unten am Meer, abends nach neun Uhr, wenn die Schweißarbeiten an den Eisenbuhnen am Weststrand gespenstisches blaues Licht verbreiten und Menschen fern gegen die Küstenlinie zu erkennen sind, Schatten in der Nacht.

Ich erinnere mich an Plätze in den Lister Wanderdünen, wo ich mich in Island wähnte, in einer Kuhle saß und das Wort Saison auf Sylt ein Fremdwort war. Ich sehe noch die blühende Heide hinter Kampen vor mir, hinüberwogend nach Braderup, wo ich keinen Menschen treffe in flimmernder Sommerhitze und das Festland jenseits des Wattenmeeres kaum als Hauch zu ahnen war. Ich sehe mich noch, Schwächling aus dem Dickicht der Stadt, im November am Strand stehen, als mir der Wind fast die Ohren abriß und die Brandung seufzte. Da schaute ich hinauf aufs Meer, gegen England hin, und war, im grauen November, der Insel verfallen.

Im November, wenn alle Fremden sie verlassen haben, liegt Sylt ohne Schminke da und wartet bangend auf ihren Geliebten, den blanken Hans.

Wie schon vor 1100 Jahren, als die Friesen nach Sylt kamen.

Die Dünen zwischen Kampen und List in der Abendsonne. Die Einsamkeit ist nicht vorgetäuscht, es gibt immer noc

menschenleere Landstriche auf Sylt

Wanderdünen im Winter. Selten bedeckt tiefer Schnee den hartgefrorenen Geestboden, noch seltener wird es unerträglich kalt.

Echte Sylt-Fans haben auch an der erstarrten Landschaft ihre Freude

Die Hauptattraktion im Sylter Sommer ist das Baden in der starken Brandung. Auch an heißen Tagen wird das Wasser selter

ärmer als 18 Grad

Segelflugzeug über dem Watt

Auch das gibt es auf Sylt. Bayrische Gemütlichkeit unter schattigen Bäumen im Biergarten.

Die Strandpromenade von Westerland bei stürmischem Nordwestwind

In der Munkmarscher und in der Blidsel-Bucht finden Windsurfer ideale Bedingungen für ihren Sport

Die Reitwege durch die Sylter Dünenlandschaft sind genau festgelegt, um Heide, Dünen und Strandhafer zu schützen

Wenn im November die Dämmerung schon nachmittags um vier Uhr hereinbricht, gehört Sylt den Syltern. Mit seinem Fahrra

·ehrt der Bauer von Westerland heim nach Keitum

Jagdzeit auf Sylt, Herbstbeginn und Saisonende. Gejagt werden Füchse, Kaninchen, Rebhühner. Wildgänse stehen heut

unter Naturschutz, Rehe gibt es nur noch fünfzehn auf der Insel

Abendsonne auf Sylt. Im Hintergrund lugen die Häuser von Mellhörn über die Lister Dünenlandschaft

Friesenhaus aus unseren Tagen, spitzgiebelig und reetgedeckt

Wie die Insel Sylt entstanden ist und was Meer und Menschen daraus machten

Steinzeitgräber
Wikinger
Friesen
Dänenherrschaft
Brauchtum
Meerweiber
Zwergen und Riesenkönige
Seefahrt
Der Held der Friesen
Der Chronist

Besiedelt war Sylt mindestens schon 2500 Jahre vor Christus. Das beweisen die in den Gräbern gefundenen Tonscherben und Waffen. In der späteren Jungsteinzeit wurden sie den Toten auf die letzte Reise mitgegeben. Mit dem heutigen Erscheinungsbild Sylts hatte das damalige Eiland allerdings wenig zu tun. Die Insel bestand aus zusammenhängendem Marschland, geschützt von einer Limonit-Sandsteinbank. Die Westküste war einige Kilometer breiter, als sie heute ist, und zum Festland hin gab es satte grüne Wattwiesen, auf denen die Tiere der ersten Sylt-Bewohner – Bauern und Viehzüchter – geweidet haben.

In jenen Zeiten war Sylt einer der wenigen Stützpunkte für die Seefahrer auf der Reise zwischen Holland und Skandinavien.

Und Sylt war seither immer besiedelt. Daher die vielen Gräber und die alten Opferstätten, Thinghügel und Wallanlagen, deren Reste zum Teil heute noch aus der flachen Sylter Landschaft ragen. Die Archsumburg ist nur noch in Umrissen als Erhebung zu ahnen, während von der Befestigung der Tinnumburg ein von Gras bewachsener Wall übriggeblieben ist. Von hier aus soll früher einmal ein großer Priel in die offene See hinausgeführt haben.

Auf den wenigen Quadratkilometern der Insel Sylt müssen sich einst über 460 Grabhügel aus der Vorsteinzeit befunden haben. Die meisten stürzten inzwischen an der Westküste in die See oder versanken im Wattenmeer. 47 Steingräber, verstreut auf der ganzen Insel, können heute noch nachgewiesen werden. Daß ausgerechnet in Morsum und Archsum die meisten Gräber lagen, hat seinen Grund darin, daß dort das Ackerland am fruchtbarsten war und deshalb dort bevorzugt gesiedelt – also auch gestorben wurde.

Berühmt ist der Sylter Denghoog. Das Grab ist 1868 in der Nähe des heutigen Wenningstedter Dorfteiches gefunden und auch aufgebrochen worden. Die 15 Quadratmeter große Kammer, von der noch ein sechs Meter langer Gang Richtung Süden abgeht, ist begehbar und kann für 1,50 Mark Eintritt besichtigt werden.

Das Grab, etwa 2200 v. Chr. errichtet, besteht aus zwölf großen Tragsteinen und drei riesigen Decksteinen. An einem Eckstein sind Spuren von Eiszeit-Gletschern zu sehen. Die Scherben der Tongefäße, die im Denghoog von Wenningstedt gefunden wurden, sind im Keitumer Heimatmuseum ausgestellt.

Insgesamt hat es – aus Steinzeit, Bronzezeit, Eisenzeit, Wikingerzeit – 1000 Gräber auf Sylt gegeben. Die kleinen, mit Gras bewachsenen Erdhügel, überall in der Landschaft verstreut, fallen den Besuchern von heute allerdings kaum mehr auf. Man hat sich an diese Gräber gewöhnt wie an Dünen und Wind.

Um 500 nach Christus, gegen Ende der Kaiserzeit in Rom, wurde es leerer auf Sylt, etwa so wie heute, wenn im Spätherbst die letzten Badegäste das Weite suchen. Jüten, Angeln und Sachsen hatten sich

Sylt besitzt Grabhügel aus der späten Jungsteinzeit (2200 v.Chr.), aus der Bronzezeit (1800–600 v.Chr.), aus der Eisenzeit (600 v.Chr.–800 n.Chr.) und der Wikingerzeit (800–1100 n.Chr.). Die meisten Grabhügel stammen aus der Bronzezeit. In den steinzeitlichen Gräbern – hier ein geöffnetes Hünengrab – wurden die Toten sitzend beerdigt

aufgemacht, England zu erobern, und einer ihrer Ausgangshäfen für die große Überfahrt lag möglicherweise acht Kilometer vor dem heutigen Wenningstedt. Rolf Spreckelsen, Architekt aus Hamburg und als Verfasser einer Chronik von Wenningstedt anerkannter Experte, hat jedoch seine Zweifel: „Ich weiß, daß man einen Hafen in der Richtung vermutet, wo heute der große Abgang zum Wenningstedter Strand hinunterführt. Allerdings müßte dieser Hafen kilometerweit vor dem heutigen Strand gelegen haben, weil damals die Westküste noch viel breiter war. Man könnte erst dann Genaues feststellen, wenn die Ebbe tagelang dauern und man dort draußen Spuren finden würde. Aber das ist ja Utopie." Sicher ist, daß während der Völkerwanderung die Besiedlung Sylts zwar abnahm, aber nie völlig aufhörte.

Um 860 zogen neue Siedler auf die Insel, die Friesen. Sie kamen ursprünglich aus dem Mündungsgebiet von Rhein und Weser, waren von dort nach Nordeuropa weitergezogen und ließen sich jetzt in den Marschlanden zwischen den heutigen Orten Archsum und Morsum nieder. Sylt war für diese Friesen „Uthlande", Außenlande, und sie bezeichneten ihre neue Heimat auch so.

Man nannte sie die Königsfriesen; denn als Untertanen des dänischen Königs zahlten sie ihre Abgaben direkt nach Kopenhagen – im Gegensatz zu den Friesen, die sich auf dem Festland angesiedelt hatten. Die waren schon richtige Schleswig-Holsteiner, gehörten also nur mittelbar zum dänischen Königreich.

Die Sylter Friesen bauten sich ihre Höfe auf sogenannte Warften – Erhebungen in der flachen Marschlandschaft, die bei Sturmfluten wie kleine Inseln aus den Wellen ragten und so größere Überlebenschancen boten. Fast unbesiedelt blieben die Dünengebiete zwischen Rantum und Hörnum oder zwischen Kampen und List.

Der Name Sylt taucht zum erstenmal in der alten dänischen Schreibweise „silt" in einem Brief König Erichs III. aus dem Jahre 1141 auf, woraus die Etymologen schließen, daß die Insel nach jenem dänischen Wort für Hering benannt worden ist. Das Sylter Wappen zeigt denn auch heute noch einen silbernen Hering auf blauweißem Grund. Andere Wissenschaftler meinen, Sylt als Kurzform vom Wort Siland (Seeland) ableiten zu können, was bei der Beschaffenheit der Insel und ihrer Lage ebenfalls einen Sinn macht.

Das Sylter Wappen zeigt einen Hering auf blauweißem Grund

Genauer wird die Geschichte Sylts erst ab 1231. In diesem Jahr ließ sich der dänische König Waldemar II. sein Jagdrecht auf der Insel Sylt im sogenannten Erdbuch festschreiben. Demnach gehörte Sylt damals zum dänischen Staat, und die Insel-Friesen waren offensichtlich recht unbequeme Untertanen, die ihrem König häufig Ärger machten. Mal waren ihnen die Steuern und Abgaben zu hoch, mal wetterten sie gegen das unumschränkte Jagdrecht ihres Herrn. Und als sich das Herzogtum Schleswig von Dänemark zu lösen versuchte, lag Sylt im Mittelpunkt der Streitigkeiten.

Schlimmer als jeder Streit und jede Steuerlast war allerdings für die Königsfriesen die große Sturmflut des Jahres 1362, als „Mandränke" in die Geschichte eingegangen. Die Westküste wurde überflutet, das Meer brach über die Wattwiesen herein, Sylt verlor viel Land und wurde von den Wellen regelrecht zurechtgestutzt. Bei dieser Flut gingen die Orte Weningstadt, Listum und Eidum unter, Tausende ertranken, fruchtbares, bebautes Land wurde eine Beute des Meeres.

Sturmflut und Landverlust änderten allerdings nichts daran, daß die Uthlandfriesen weiterhin kräftig Abgaben zahlen mußten. Königin Margarete von Dänemark hatte zwar 1386 den Grafen Gerhard VI. von Holstein mit dem Herzogtum Schleswig belehnt, und dazu gehörte auch Sylt, doch der neue Herr stand in seiner Habgier dem Königshaus um nichts nach. Das Listland freilich blieb direkt unter königlich-dänischem Einfluß und behielt damit eine Sonderstellung, die seiner Entwicklung zugute kam. In den folgenden, jahrhundertelangen Streitigkeiten zwischen den Schleswigern und den dänischen Königen schlugen sich die Sylter stets auf die Seite der Schleswiger, was aber weder ihnen noch denen etwas einbrachte. Als die Herzöge aus dem Hause Gottorp 1721 auf ihr Schleswig verzichteten, brachte das wiederum ganz Sylt unter den direkten Einfluß der dänischen Krone. Über die Lust der dänischen Könige, kräftig an der Steuerschraube zu drehen, gibt es in allen Sylter Chroniken bittere Klagen.

Mitten im Dreißigjährigen Krieg, von dem Sylt wegen seiner schwer erreichbaren Lage fast verschont blieb, wurden die Inselfriesen am 11. Oktober 1634 erneut von einer riesigen Sturmflut, der Burchardiflut, heimgesucht. Ihr fielen an der gesamten Westküste einschließlich Sylts 6123 Menschen zum Opfer, 50 000 Stück Vieh ertranken, 1339 Häuser wurden zerstört. Sylt verlor ein Drittel seines Landes, übrig blieb ein Geestkern in der Inselmitte mit je einer nach Nord und Süd gestreckten Nehrung.

Zehn Jahre nach dieser Sturmflut kam es zu einer Schlacht, die in die Geschichte der Insel eingegangen ist. Am 16. Mai 1644 lagen sich im Lister Tief die schwedisch-holländische Flotte mit 35 Schiffen und die dänische Flotte mit neun Schiffen gegenüber. Die Dänen unter ihrem König Christian IV. waren allerdings strategisch in einer günstigeren Position, weil sie die Ausfahrt aus dem Hafen ins offene Meer kontrollierten. König Christian gewann die Schlacht, wenngleich er dabei ein Auge einbüßte. Seitdem heißt der Lister Hafen, inzwischen längst versandet und Vogelschutzgebiet, Königshafen.

Erst im 19. Jahrhundert ging es wieder blutig zu, als sich die Herzogtümer Schleswig und Holstein gegen Dänemark erhoben (1848) und die Sylter auf der Seite der Schleswig-Holsteiner mitmachten. Zeitweise war Sylt von dänischen Soldaten besetzt. Die Unruhen hörten erst auf, nachdem die Preußen gemeinsam mit den Österreichern 1864 die Dänen auf den Düppeler Schanzen besiegt und ihnen Schleswig-Holstein, einschließlich Sylts, weggenommen hatten. Ab 1866 gehörten Schleswig und Holstein zu Preußen.

Dänemark ist in diesem nördlichsten Teil Deutschlands aber immer noch präsent. Es gibt heute noch dänische Schulen, und die Beziehungen der Sylter zu Dänen sind oft intensiver als die zu den Festlandsdeutschen. Die Abstimmungen allerdings, bei denen es um die Frage ging, ob die Sylter lieber zu Dänemark oder lieber zum Deutschen Reich gehören wollten, endeten stets mit einem klaren Votum für Deutschland. 1920 stimmten beispielsweise in Westerland 2715 Einwohner für Deutschland, nur 356 für Dänemark.

Von den Friesen ist auf Sylt außer dem Stolz, zu ihnen zu gehören, wenig geblieben. Nur die alten Sylter sprechen miteinander noch

Die Ferienhäuser sind wegen der ständigen starken Winde flach gebaut, die reetgedeckten Dächer tief herabgezogen. Die Fundamente bestehen aus Feldsteinen, die Wände aus Backstein. Auf dem First wachsen Grassoden, die reich verzierten Türen sind mit Messing beschlagen

Syltring – einen der zehn friesischen Dialekte, den schon auf dem benachbarten Amrum keiner der dortigen Friesen mehr versteht. Vor einigen Jahren hat auch die „Sylter Rundschau" ihre friesische Seite eingestellt. Die friesische Sprache wird heute auf Sylt als Brauchtum gepflegt. Wortbegriffe in der Verbindung mit „Friesen" aber gibt es noch viele, und die werden noch den letzten des Friesischen mächtigen Sylter überleben: der Friesengiebel etwa, jenes spitze Stück der alten Hausdächer, durch das man sich bei Feuerbrunst retten konnte, weil er ihr am längsten widerstand. Oder der Friesenwall, die Umfriedung von Garten und Haus, der seinen Ursprung im Bedürfnis nach Windschutz hatte. Natursteine wurden und werden einen halben Meter tief in den Boden gesenkt und auf diese Steine dann weitere ungleich behauene Steine geschichtet. Statt mit Zement oder Lehm sind die Fugen mit Grassoden gefüllt, aus denen bald Halme sprießen. Geblieben vom Friesenstolz ist seit 1895 ein kleines Wäldchen bei Westerland, das Friesenhain heißt, geblieben ist der 1906 gegründete Verein „Söl'ring Foriining", der sich um die Erhaltung friesischen Brauchtums bemüht, mit seinen prominenten Mitgliedern aber auch zu den Mächtigen auf Sylt gehört, über die noch zu erzählen sein wird.

Geblieben sind schließlich der Friesentee, der mit Kandiszucker gesüßt und sehr stark getrunken wird, und der Wahlspruch „Rüüm haart, klaar kimming", auf deutsch: weites Herz, klarer Horizont, den alle Nordfriesen auf ihre Fahnen geschrieben haben.

Wer nun auf ein paar friesische Witze wartet, der muß enttäuscht werden. Die gibt es nur über die Ostfriesen, während man die Nordfriesen stets ernst nahm in ihrem Streben. Was auch der Lieblingswitz der einheimischen Sylter beweist: „In Morsum wurde gestern der Zug zum Festland angehalten." „Warum?" „Es soll noch ein Badegast im Zug gewesen sein, der eine ganze Mark in der Tasche hatte."

Meerweiber, Zwerge, Riesenkönige

Obwohl die Sylter Geschichte eigentlich erst im 13. Jahrhundert aktenkundig und damit nachprüfbar wurde, weiß man doch eine ganze Menge über das wilde Leben in den frühen Jahrhunderten der Besiedlung – aus Sagen und Anekdoten. C. P. Hansen, der Sylter Chronist, hat sie in einem Band „Friesische Sagen und Erzählungen" gesammelt und 1858 veröffentlicht. Da wird berichtet über abenteuerliche Begegnungen zwischen den Inselfriesen und den Zwergen, den Riesen, den Meeresbewohnern und den Strandgeistern. Da tönt es gar grausig von den Klageschreien der Hingerichteten, die über den Gerichtsplätzen der Insel zu hören waren. Da wird das Unwesen böser Kobolde, Strandräuber und anderen Gesindels in den unwirtlichen Dünen von Hörnum und Rantum beschworen. Und da gibt es den wilden Meermann Ekke Nekkepen, der einst vergebens um schöne Friesentöchter gefreit und sich bitterlich gerächt hat, als sie ihm nicht auf den Meeresgrund folgen wollten. Aber ein rechter Sylter fürchtet sich nicht: Nach Ekke Nekkepen ist heute auf der Insel so manche Pension benannt.

Auf der Heide zwischen Kampen und Braderup war die Unterwelt zu Hause. Dort lebten die Zwerge in Höhlen. Um ein Haar hätten sie die große Schlacht gegen ihre Todfeinde, die Oberirdischen, sogar gewonnen. Die schlauen Zwerge hatten sich mit spitzen Steinen unter die Kleider der Riesen geschlichen, deren Haut geritzt und so den Feind ausbluten lassen. Den Riesenkönig Bröns hat es dabei erwischt: Mitsamt seinem goldenen Schlachtwagen wurde er im riesigen Brönshoog nahe dem Kampener Leuchtturm bestattet. Das Grab ist nie aufgebrochen worden, so viel Respekt hat man vor der Sage noch allemal. Und daß die Riesen schließlich doch siegten, verdanken sie ihren Frauen. Die griffen im entscheidenden Moment ein und gossen große Töpfe voll kochender Grütze über die entsetzten Zwerge aus.

Und da war auch das Meerweib Ran. Die saß dick und häßlich auf dem Grund des Meeres und mahlte daselbst Salz. Beim Mahlen entstanden Strudel, die zur Freude des bösen Weibes Schiffe mit Mann und Maus in die Tiefe rissen. Immer wenn sie ein Meerkalb zur Welt brachte, entstand durch ihre hastigen Bewegungen ein wilder Aufruhr in den Wellen, und die Brandung rollte gegen die Insel. Diesem Meerweib Ran verdankt Rantum seinen Namen, was auch einiges über das Ansehen des Dorfes bei den Syltern aussagt.

Erzählt wird auch von jenen drei Brüdern Saxo, Bruno und Friso, die in grauer Vorzeit mit 300 Schiffen ihre Heimat verließen, um irgendwo auf der Welt ein ruhiges Plätzchen zu finden. Friso fand es an der Nordseeküste und gründete dort Friesland. Seine Brüder fuhren mit den restlichen Schiffen weiter. Saxo soll für die Sachsen, Bruno für die Braunschweiger verantwortlich sein.

Doch die berühmteste Sage Sylts und spannender als jede Geschichte von Hexentanzplätzen auf dem Ellenbogenberg ist die Geschichte von Pidder Lüng. Dieser lange (lüng) Fischer Pidder aus Hörnum saß so um 1510 herum bei einem kargen Essen in seiner Hütte, als Henning Pognisch, der Sohn des Tonderner Amtmannes, zur Tür hereinkam, um die fälligen Steuern einzutreiben. Als sich Pidder sträubte, spuckte Henning in den Topf mit Grünkohl. Und das hätte er wohl besser nicht tun sollen. Denn der Pidder drückte Hennings Kopf so lange in den Grünkohl, bis jener erstickt war. Dann verabschiedete sich Pidder von seinen Lieben und verschwand in den unzugänglichen Dünen von Hörnum. Später soll er dann als Freibeuter unter dem friesischen Schlachtruf „Leewer doad as slav"(Lieber tot als Sklave) gewütet haben, bis ihn die Dänen doch noch einfingen und auf dem Galgenhügel von Keitum hinrichteten. Sein Schlachtruf „Leewer doad as slav" aber hat Pidder

Lüng überlebt und wird noch heute von stolzen Inselfriesen zitiert, wenn sie gegen behördliche Willkür vom Festland protestieren.

In seinem Buch „Sylt im Spiegel der Sage" schreibt der Westerländer Heimatforscher und Konrektor a.D. Hubertus Jessel: „Sylt im Spiegel der Sage zu sehen heißt darum nichts anderes, als den friesischen Inselbewohnern ins Herz zu schauen. Was dort an Wünschen, Hoffnungen, Sorgen, Nöten und Ängsten erwächst, spricht die Sage aus: Wir möchten frei sein – wir lieben die Treue – wir wünschen uns Stärke, oder wir fürchten die Gier des Meeres – wir ängstigen uns vor der Hexerei – und uns graust vor den Toten."

Seefahrt

Seefahrt war für die Sylter nie die Erfüllung einer Sehnsucht nach fernen Ländern. Für solche Romantik war im harten Alltag kein Platz. Seefahrt war für sie ein Zwang, um überleben zu können, denn der karge Boden gab nicht genug her. Jahrhundertelang hat deshalb die Seefahrt das Leben der Inselfriesen geprägt.

Angeln, Sachsen, Jüten, Dänen und Wikinger fuhren von Sylt aus hinaus zu jener anderen Insel, die heute England heißt. Neben der germanischen Kriegsmarine aber gab es schon damals friedliche Seefahrer auf Sylt, die Fischer. Herings- und Schellfischfänger begannen ihre Fahrt im Hafen Budersand bei Hörnum, heute als Budersandberg eine der gewaltigsten Dünen von Sylt. Die Fischerei ergänzte die Landwirtschaft, und schon in diesen frühen Jahrhunderten läßt sich eine Besonderheit Sylter Lebens erkennen, die sich fast bis heute erhalten hat. Die Sylter Frauen kümmerten sich darum, daß an Land alles seinen geregelten Gang ging, sorgten auf den Höfen für die nötigen Arbeiten, hielten die Familie zusammen – sie waren die eigentlichen Macher von Sylt. Die Männer waren auf See, erst als Fischer, später als Walfänger, dann bei der Handelsschifffahrt. Diese Tradition weiblicher Präsenz auf Sylt hat sehr viel später auch den Fremdenverkehr geprägt; denn da gab es viel mehr Wirtinnen als Wirte, mehr Vermieterinnen als Vermieter.

Zurück zu den Fischern. Die wenigen Fische, die sie fingen, reichten schon damals nur für den Eigenbedarf. Für den Handel blieb nichts übrig. Schellfisch und Hering wurden entweder gleich auf der Insel verkauft und verzehrt oder für die Wintermonate in den Vorratskammern geräuchert aufbewahrt. Heute gibt es keine Berufsfischer mehr auf Sylt. Die Fische werden tiefgefroren aus Holland oder Hamburg eingeflogen oder von dänischen Fischern fangfrisch in List abgeliefert. Die Krabbenkutter von Hörnum, List und Munkmarsch sind kaum mehr als eine Touristenattraktion. Von den Fängen leben können ihre Besitzer nicht. Vielleicht wird bald der letzte Krabbenkutter-Kapitän im Keitumer Heimatmuseum unter dem Stichwort Sylter Fischerei ausgestellt.

Begabt für Nautik waren die Inselfriesen jedoch schon immer. Sie mußten wohl viel von Wind und Wellen verstehen, um auf dem Schiff Sylt überleben zu können. Diesen Ruf haben sie bis heute behalten, und ein Reeder zieht auch heute einen Sylter jedem anderen Bewerber vor. Diese Begabung und die Kunde davon konnten die Sylter nützen, nachdem die Sturmflut von 1634 große Teile des Akkerlandes auf Sylt zerstört hatte. Sie fuhren als Walfänger in die Arktis, um ihre Familien zu ernähren. Was aus Not begonnen hatte, brachte langsam Reichtum auf die arme Insel. Denn die Walfänger fuhren „auf Part", also gegen eine prozentuale Beteiligung am Fang. Was natürlich für die Sylter Matrosen, Harpuniere, Entspekker und Schifszimmerer auch riskant war: Wurde auf einer Reise, die oft vom März bis in den Oktober dauern konnte, mal wenig gefangen, dann kam auch wenig in den Beutel.

Verabschiedet wurden die Männer mit großen Feuern, die auf allen Erhebungen der Insel loderten. Die Götter sollten gnädig gestimmt werden. Die Flammen waren eine Art Bitte um glückliche Heimkehr. Dem Christengott vertrauten sie wohl noch nicht zu sehr. Gleichzeitig wurde mit diesen Feuern das Ende der harten Winterszeit gefeiert und alles Strandgut verbrannt, das sich bis dahin angesammelt hatte und nicht zu gebrauchen war.

Strandgut wird auch heute noch verbrannt, außerdem wandern die abgetakelten Weihnachtsbäume in die Flammen, wenn am 21. Februar auf Sylt das Biikebrennen gefeiert wird und wie einst auf allen Erhebungen der Insel die Flammen lodern. Dann wird auf Sylt getanzt und getrunken. Das Biikebrennen ist eines der letzten Feste, das die Sylter unter sich feiern, weil Ende Februar nur selten Fremde auf der Insel sind. Einen Tag später, am Petritag, dürfen dann die Kinder von Sylt ihr Fest feiern, ebenfalls mit Feuern, ebenfalls mit Gesang und Spielen.

Als die Wale Ende des 18. Jahrhunderts auszusterben drohten und damit die Walfängerei langsam zu Ende ging, schauten sich die Sylter Seeleute nach anderen Erwerbsquellen um. Die Handelsschiffahrt mit den großen Seglern bot nun Lohn und Brot für die, die auf der Insel kein Auskommen fanden. Wieder zogen viele Sylter hinaus und überließen die Höfe ihren Frauen. Die meisten Seeleute stammten aus den Bauerndörfern Morsum und Archsum. Wenn sie zurückkehrten, brachten sie aus fernen Ländern allerlei mit. Bescheidener Wohlstand für die Insel, vor allem durch die „Kommandeure" genannten Kapitäne, die sich meist in Keitum niederließen und dort ihre Häuser bauten. Vieles, was sie mitbrachten, gilt heute schon wieder als original friesisch: Fliesen und Kacheln aus Holland, wertvolle Schränke, Truhen und Bilder aus England, Porzellan aus China, Messing aus Rußland oder Skandinavien. Zu den berühmtesten unter diesen Sylter Kapitänen gehören Lorens de Hahn, Jens Boysen und Peter Lassen.

Aber Seefahrt bedeutete nicht nur Wohlstand, sondern auch Leid. Denn oft blieben Schiffe draußen, und alle Männer ertranken. Aus einer zeitgenössischen Chronik:

„Am 14. März 1744 segelte der Schiffer Theide Bohn aus Morsum bei östlichen Winden von Sylt nach Amsterdam ab mit 90 mehrentheils Sylter Seefahrern, welche alle in Holland Schiffsdienste zu suchen beabsichtigten. In der Nacht zwischen dem 14. und 15. März erhob sich jedoch ein heftiger Südweststurm mit Schneeböen und trieb die Reisenden wieder bedeutend zurück. Sie konnten die Hörnumtiefe nicht wieder erreichen, mußten daher längs der West-

Auf der Hamburger „De Stadts Welvaert" fuhr der Sylter Kapitän Lorens Peter de Hahn 27 Jahre lang als Kommandeur, bis 1735. Aus der Arktis brachte der Walfänger stets gute Fänge nach Hause. Lorens de Hahn zählt zu den berühmtesten Kapitänen der Insel Sylt

küste Sylts nach Norden steuern, um durch die Listertiefe wieder in das ruhigere Binnenwasser zu gelangen. Der Schiffer ließ, vielleicht etwas unvorsichtig, die Toppsegel beisetzen, um schneller dieses Ziel zu erreichen. Am Mittage des 15. März, in einer Entfernung von 1 1/2 Meilen westlich von Sylt, traf eine heftige Boe das Schmackschiff. Die Macht des Windes fiel mit voller Kraft auf die Segel des Schiffes, der Mast beugte sich tief nach der Leeseite hinüber, ein auf dem Roof liegendes schweres Ankertau fiel über Bord, zog, da es in der Mitte des Schiffes befestigt war und auf dem Grunde des Meeres nachschleppte, das Fahrzeug gänzlich auf die Seite und brachte es zum Kentern. Das Kirchspiel Morsum verlor durch diesen Unglücksfall 51 Menschen (darunter 22 Ehemänner), das Kirchspiel Keitum 27 Menschen (darunter 16 Ehemänner) . . ."

In den letzten 150 Jahren sind insgesamt 206 Schiffe an der Küste von Sylt gestrandet. Viele Seeleute ertranken, viele konnten gerettet werden, manche Überlebenden sollen auch von Strandräubern erschlagen worden sein. Aber dafür existieren keine Beweise, nur Andeutungen in Chroniken. In der Mitte des vergangenen Jahrhunderts gab es erste Versuche, die Bemühungen zur Rettung von Schiffbrüchigen zu koordinieren. In Bremen wurde 1865 der „Verein zur Rettung Schiffbrüchiger" gegründet, ein Vorläufer der heutigen „Deutschen Gesellschaft zur Rettung Schiffbrüchiger". Auf der Insel Sylt, wo das Problem gestrandeter Schiffe bei Herbst- und Winterstürmen schon fast zum Alltag gehörte, griffen einige Bürger die Bremer Idee auf und schlossen sich 1891 zum „Freiwilligen Rettungskorps Westerland", später umgetauft in „Sylter Rettungskorps", zusammen. 24 Sylter, alle Freiwillige, waren die Aktiven. Sie bauten in den Dünen eine Rettungsstation, in der das Rettungsboot untergebracht war, und bei Gefahr ruderten sie hinaus aufs Meer, um Menschenleben zu retten.

1935 hatte der traditionsreiche Verein – die Mitgliedschaft ist eine Ehre und wird vom Vater auf den Sohn vererbt – den letzten großen Einsatz. Als am 19. Oktober der französische Frachter „Adrar" vor Kampen strandete, fuhren die Mitglieder des Rettungskorps ihre mobile Raketenstation auf eine Düne und schossen Raketen aufs Schiff hinüber. Um trotz Wind und See ein schwankendes Schiff mit einer solchen Rakete genau zu treffen, brauchte es einen Meisterschützen, denn von diesem hing alles weitere ab. Der Mann vom Rettungskorps traf die „Adrar", an der Rakete hingen Leinen, und auf den zwischen Land und Schiff gespannten Leinen rutschten in einer Seilbahn ähnlichen „Hose" die Schiffbrüchigen ans rettende Ufer. Von der Regierung in Paris gab es anschließend Ehrenmedaillen für alle 24 Mitglieder des Rettungskorps.

Heute beschränkt sich die Tätigkeit auch dieses Vereins auf Sammelaktionen für die „Gesellschaft zur Rettung Schiffbrüchiger" unter den Badegästen und auf ein paar Trockenübungen in je-

Das Sylter Rettungskorps beim Festumzug anläßlich der Eröffnung des Hindenburgdamms 1927. Mit diesem Boot ruderten die Freiwilligen hinaus aufs Meer, um Schiffbrüchige zu retten

dem Jahr. Das älteste Mitglied ist mittlerweie 88, und die Aufgaben des Rettungskorps haben längst moderne Seenotrettungskreuzer übernommen, die im Lister und Hörnumer Hafen liegen. Sämtliche Einsätze und Übungen der Vergangenheit sind in dicken Folianten notiert, und diese Ehrentafeln des tapferen Rettungskorps werden von Theodor Lassen, einem Nachfahren des legendären Kapitäns Peter Lassen, in Westerland verwahrt.

Um 1855 begann auf Sylt der Fremdenverkehr, und das war gleichzeitig der Anfang vom Ende der Sylter Seefahrt. Zumindest als Haupterwerbsquelle der Insulaner verlor sie an Bedeutung, da man nun Geld weitaus ungefährlicher und leichter verdienen konnte. Natürlich fuhren weiterhin Männer von Sylt zur See – der Fremdenverkehr entwickelte sich ja auch nicht rapide, sondern eher geruhsam. Aber heute hat man schon Schwierigkeiten, auf Sylt noch einen Kapitän zu finden, der mehr gefahren hat als ein Butterschiff oder einen Krabbenkutter.

Nikolai Smerrat, der auf den Resten der ehemaligen Archsumburg in Archsum lebt und trotz seiner 89 Jahre frisch ist wie ein Fisch im Wasser, hat zehnmal Kap Hoorn umrundet, mit einem Segelschiff selbstverständlich. 1905 hat er als 16jähriger nach der Schulzeit das Heimatdorf Archsum verlassen, und erst 1956, nach fünfzig Jahren abwechslungsreicher Seefahrt mit Seglern, Dampfschiffen, Vergnügungskreuzern ist er wieder nach Archsum zurückgekehrt. Die „paar Zeiten zwischendurch", so zu seiner Hochzeit 1922 in der Keitumer Kirche, die zählt Nikolai Smerrat gar nicht. Steuermann war er schon im zarten Alter von 22, getreu der Beschreibung, die Kapitän Jens Boysen 1828 vom Sylter Seefahrer gegeben hat:

„Der Ruhm der Silter als vorzüglich gute Seeleute und als rechtliche Männer ist zu allgemein bekannt, als daß etwas Mehreres zu sa-

Nikolai Smerrat, 89 Jahre alt, ist 50 Jahre zur See gefahren. Heute lebt er wieder in seinem Geburtsort Archsum und ist einer der letzten noch lebenden Kapitäne auf Sylt. Im Hintergrund das Wrack „Marianna" bei Braderup

gen erforderlich wäre. In den Jahren zwischen 1795 und 1800 zählte die Insel zu einer Zeit 100–110 Schiffscapitäne auf großen Schiffen, die von Copenhagen, Flensburg, Eckernförde, Altona, Hamburg und Holland aus nach allen Theilen und Gegenden des Erdbodens zur See fuhren, und verhältnismäßig Steuerleute und Matrosen, und wer in jenen Jahren über 22 Jahre alt war und noch nicht Steuermann, dessen Ruhm war ganz sicher nicht sehr gut."

Jens Boysen, Freimaurer und Kapitän, lebte in Keitum, als er sich 1825 von der Seefahrt zurückgezogen hatte, und betätigte sich dort als hervorragender Chronist der laufenden Sylter Ereignisse. Boysen ist einer der Männer, die der nun an Jahren greise Nikolai Smerrat noch heute als Vorbild für jeden Sylter Seemann rühmt, doch weiß der alte Seebär, „daß man heute eher Ingenieure für die Schiffe braucht statt Seeleute", und insofern ist er eigentlich ganz froh, daß er auf seine alten Tage wieder auf Sylt gelandet ist und in Ruhe seine Erinnerungen ordnen kann.

Nikolai Smerrat will, wenn es mal soweit ist, auf dem Friedhof von Keitum begraben werden. Und auf dem Grabstein soll ein Segelschiff eingemeißelt sein, so wie auf den anderen Grabsteinen der vielen Sylter Seefahrer vor ihm.

Der Held der Friesen

Der Held aller Sylter heißt Uwe Jens Lornsen und ist für die Insel so etwas wie Andreas Hofer für Tirol. Lornsen wurde 1793 in Keitum als Sohn eines wohlhabenden Kapitäns geboren. Sein Geburtshaus gehörte zu den Kostbarkeiten friesischer Baukunst, wurde 1971 durch Brandstiftung zerstört und später getreu den heutigen Möglichkeiten wieder aufgebaut. Lornsen hätte eigentlich wie sein Vater Kapitän werden sollen, aber wegen der Kontinentalsperre – der Kaiser Napoleon ließ Europas Häfen schließen, um den Engländern zu schaden –, gab es zu Beginn des 19. Jahrhunderts in der Handelsschiffahrt nichts zu verdienen. Lornsen beschloß deshalb, Beamter zu werden.

Schon damals galt die Beamtenlaufbahn als krisenfeste Sache in krisenreichen Zeiten. Nach dem Studium in Kiel und Jena, dem Zentrum liberaler Ideen der „Allgemeinen Deutschen Burschenschaft", arbeitete Lornsen als Rechtsanwalt und Kanzleirat in Tondern, das heute wie damals zu Dänemark gehörte. 1830 schien er am Ziel seiner Wünsche zu sein: Er wurde zum Landvogt von Sylt berufen, und er war seit über 100 Jahren wieder der erste Einheimische, dem von der dänischen Krone ein solches Amt übertragen worden war. Landvögte, denen jeweils drei Strandvögte unterstellt waren, gibt es etwa seit 1460 auf Sylt.

Schon zehn Tage nach Amtsantritt aber, am 23. November 1830, wurde Lornsen in Keitum verhaftet und in einem anschließenden Prozeß auf dem Festland zu einem Jahr Festungshaft verurteilt. Grund: Lornsens Schrift „Über das Verfassungswerk in Schleswigholstein", in der Lornsen eine größere Unabhängigkeit der Herzogtümer von der dänischen Krone forderte. Ein paar Jahrzehnte später hätte seine Schrift, durch die damals der königlich-dänische Hof die Ordnung im Lande gestört sah, kein Aufsehen mehr erregt. Aber Hochverrat ist ja schon immer eine Frage des Datums gewesen.

Nach der Verbüßung seiner Haftstrafe kehrte Lornsen nach Sylt zurück und lebte wieder in Keitum, von den Nachbarn mehr offen als versteckt geehrt und bewundert. Ein quälender Husten, den er sich während der Haft geholt hatte, erforderte allerdings bald einen Klimawechsel. Lornsen nützte alte Beziehungen seines Vaters und ging zu Freunden ins warme Klima von Rio de Janeiro. Dort, weit weg von Sylt, schrieb Lornsen die „Unions-Verfassung Dänemarks und Schleswigholsteins", wieder ein aufbegehrendes Stück Rechtspolitik, zugleich auch sein politisches Vermächtnis. Der Husten nämlich war in Rio schlimmer statt besser geworden, und die Ärzte rieten ihm erneut zu einem Klimawechsel, diesmal in die Schweiz. Im Sommer 1837 traf Lornsen in Genf ein. Dort verbrachte er die letzten Monate seines Lebens, ohne Sylt noch einmal wiedergesehen zu haben. Am 12. Februar 1838 wurde seine Leiche am Ufer des Genfer Sees gefunden. Man nimmt an, daß er in einem Anfall von Depression seinem Leben selber ein Ende gemacht hat.

Ihrem Uwe Jens Lornsen haben die Sylter heute einen Raum im Keitumer Heimatmuseum gewidmet, und viele Straßen auf Sylt tra-

Held der Sylter ist Uwe Jens Lornsen aus Keitum, noch immer eine Symbolfigur für die Inselfriesen. Er hat vergebens versucht, die Schleswiger gegen die dänische Krone zu einigen. 1838 wurde er tot am Genfer See gefunden. In der Keitumer St. Severinskirche erinnert eine Votivtafel an ihn

gen seinen Namen. Die Keitumer haben „dem größten Sohn der Insel" ein Denkmal mitten im Ort errichtet. Inschrift: „Unser Recht ist klar wie die Sonne".

Der Chronist

Ein Schulmeister und Küster aus Keitum ist neben Uwe Jens Lornsen der bedeutendste Kopf in der Galerie Sylter Größen: Christian Peter Hansen (1803–1879) gilt als wichtigster Historiker der Insel Sylt. Seine „Chronik der friesischen Uthlande" und sein Buch

„Die Insel Sylt in statischer und geschichtlicher Hinsicht" sind Standardwerke für jeden, der von Sylt mehr erfahren will als das, was in den bunten Prospekten steht. Und solche Sylt-Interessierte scheint es viele zu geben, denn Hansens „Insel Silt", geschrieben vor 130 Jahren, erlebt in der Neuauflage einen wahren Boom, obwohl der Band noch in einer alten, schwer lesbaren Frakturschrift abgesetzt ist. Ursache für solche späte Popularität ist wohl auch im Mißbehagen über heutige Zustände zu suchen, denn die Insel, die Hansen beschreibt, war zwar arm und abgelegen, aber dafür eine Oase der Ruhe, des Friedens, der intakten Natur. Hansen zu Ehren wird alljährlich auf Sylt ein „C. P. Hansen-Preis" (auch Friesen-Nobelpreis genannt) an Persönlichkeiten verliehen, die sich besondere Verdienste um die Erhaltung der Insel Sylt erworben haben. Hansens Chronik der „Insel Silt", die er 1845 in einer Auflage von 50 Exemplaren drucken und auf der Insel gratis verteilen ließ, beginnt so:

C. P. Hansen, der 1879 im Alter von 76 Jahren starb, ist der bedeutendste Sylt-Chronist. Er lebte als Küster in Keitum

„Fast in der Mitte der Inseln und Inselchen, welche an der Westküste des Herzogthums Schleswig liegen, doch unter diesen am weitesten von dem Ufer des Festlandes entfernt, erhebt sich aus dem Meer ein Land, das ehemals von beträchtlichem Umfang unter dem Namen Silendi, auch als Nordwestharde unter den Theilen des alten Nordfrieslands bekannt war, jetzt aber, nachdem die stürmische Nordsee seit Jahrhunderten an dessen Verminderung gearbeitet hat, in der Erdbeschreibung als das bescheidene Ländchen Sylt auftritt. Ohne Zweifel ist der Name Sylt oder Silt eine Abkürzung oder Zusammenziehung von Silendi. Die Heringsfischerei der Sylter im Alterthume wird nicht zum Namen der Insel Veranlassung gegeben haben, wenngleich das Wappen einen Hering enthält und dieser Fisch im Dänischen Sild genannt wird."

C. P. Hansen hat nicht nur den schönen Zustand seiner Insel beschrieben, er war auch einer der ersten, die vor den Folgen des beginnenden Fremdenverkehrs warnten: „Die Sylter sehen es im allgemeinen als ein zweifelhaftes Glück an, wenn ihre Insel als Badeort einst berühmt würde, sie sind ein arbeitsames, sparsames, genügsames, sittlich ernstes und wohlhabendes Völkchen, das durchaus nicht einer solchen neuen Nahrungsquelle, als wofür man an vielen Orten ein stark besuchtes Bad hält, zur Hebung seines Wohlstands bedarf, sich daher auch durchaus nicht nach einem unbekannten, vielleicht die Sittlichkeit der Einwohner untergrabenden Erwerb sehnt."

Hansen sollte sich in seinen friesischen Landsleuten täuschen. Doch was sie – ohne eigenes Zutun – anzubieten hatten auf ihrer Insel, war auch zu verlockend, als daß es ungenutzt hätte liegen bleiben können: Dünen, Strand, Meer und ein „Clima, das überhaupt genommen sehr gesund ist, indessen einige Schwächlinge aus den Städten die Luft ein wenig stark finden" (Jens Boysen).

Das traditionelle Biike-Brennen. Am 21. Februar werden in jedem Jahr Strandgut und die letzten Weihnachtsbäume in großen

Feuern verbrannt

Keitum, einst das Dorf der reichen Kapitäne, ist auch heute noch ein wohlhabendes Dorf. In jüngster Zeit wurden an de

meisten Häusern die kostbaren Türen liebevoll restauriert

Im „Altfriesischen Haus" von Keitum sind die Schätze zu besichtigen, die Sylter Seefahrer einst mit nach Hause gebracht haben

Porzellan aus China, Truhen aus England, Messing aus Skandinavien

Die Tinnumburg, eine Wallanlage aus der Wikingerzeit. In den zahlreichen Gräbern der frühen Sylt-Bewohner sind Krüge und

Vaffen gefunden worden

Wodurch Sylt berühmt geworden ist und was davon allen wohl bekommt

Meer, Wind und Brandung
Bioklima
Gezeiten, Watt und Quallen
Dünen, Geest, Marsch und Heide
Vogelkojen

Sylt ist vom Meer umschlungen, und diese Umarmung hat den Syltern schon viel Freude gemacht. Jedes Jahr wieder, wenn Hotels und Pensionen, Parkwächter und Imbißstuben nach der Saison Bilanz ziehen. Aber diese Umarmung ist gleichzeitig auch das, wovor die Sylter am meisten Angst haben. Denn wenn das Meer ein bißchen kräftiger drückt – im Herbst und Winter kommt das schon vor –, geht Sylt aus den Fugen.

Meerwasser enthält elf sogenannte „Hauptbestandteile" und eine Menge Spurenelemente. Kochsalz mit 3,4 Prozent und Magnesiumchlorid mit 1,8 Prozent ist am stärksten vertreten. Äußerlich angewendet reinigt das Meerwasser die Haut, schont aber, durch Ablagerung von Spurenelementen, auch kranke Hautstellen. Um eine solche Wirkung hervorzurufen, reicht schon ein nur einminütiges Bad im Meerwasser. Innerlich angewendet heilt Meerwasser vor allem die Schleimhäute: Als Mittel gegen Halskrankheiten und Erkältungen wird es seit Jahrhunderten von Küstenbewohnern zum Gurgeln benutzt oder getrunken.

Den Badegästen von Sylt wird Meerwasser heute als Kurmittel in Trinkhallen angeboten, 60 Pfennig kostet der Becher Meer. Das Wasser wird allerdings nicht, wie noch vor 40 Jahren, direkt aus der Brandung geholt. Ein Gutachten des Städtischen Laboratoriums Kiel von 1937 beschreibt, wie das funktionierte: „Im Nordseebad Westerland wird Meerwasser unverdünnt und verdünnt zu Kur- und Trinkzwecken abgegeben. Das Meerwasser wird an der Westküste von Sylt in der freien See entnommen und durch eiserne Rohrleitungen der Abgabestelle am Strande zugeleitet. Vor der Entnahme durch Zapfstellen wird das Meerwasser durch ein Berkefeldfilter filtriert, um alle Verunreinigungen und Keime zurückzuhalten. Das auslaufende Wasser ist kristallklar und perlt durch zugesetzte Kohlensäure. Wunschgemäß kann das Meerwasser durch Zusatz von Leitungswasser aus Westerland verdünnt werden. Die Verdünnung beträgt im allgemeinen 1:3."

Heute pumpt das Schiff „Biomaris Atlantic" in den sauberen Gewässern zwischen Helgoland und Borkumriff aus 20 Meter Tiefe jeweils 52 000 Liter Meerwasser an Bord. Die Ladung wird in Bremen filtriert und in Flaschen abgefüllt. Zu den Kunden von Biomaris gehören inzwischen alle deutschen Seebäder. Kampens Kurdirektor Hans Eckert: „Ich trinke jeden Morgen ein Glas Meerwasser, und krank war ich noch nie."

Schon der alte Grieche Euripides wußte: „Das Meer wäscht alles Übel ab." Von der Meeresheilkunde haben die Griechen und Römer am meisten verstanden – römische Ärzte schickten wohlhabende Patienten zur Kur vorzugsweise ans Meer. Im Mittelalter geriet die Meeresheilkunde in Vergessenheit. Es dauerte Jahrhunderte, bis sich die Menschen wieder der heilenden Kraft des Meeres be-

Szene aus dem Sylter Kur-Alltag: Im Kurmittelhaus von Westerland inhalieren drei in Kapuzenumhänge gewandete Kurgäste bestes Meeressalz: Das Meerwasser verdampft und wird direkt eingeatmet. Das schafft erkrankten Atemwegen Erleichterung. Meerwasserbäder, Inhalationen, Schlickpackungen und Massagen gehören zum Sylter Kurangebot wie Dünen, Wind und Wellen

sannen, das ja alle von Bächen und Flüssen angespülten Mineralstoffe der Erde aufnimmt. Neu aufgegriffen wurden die alten Ideen von den Engländern am Ende des vergangenen Jahrhunderts, als sie das bald weltberühmte Seebad Brighton gründeten. Die Deutschen folgten mit dem Seebad Doberan-Heiligendamm an der Ostsee (1793), Wyk auf Föhr (1819), und knapp 60 Jahre später wurde dann Westerland zum Seebad.

Da war aber Sylt schon, zumindest unter Ärzten, berühmt wegen seines Klimas, der gesunden Seewinde und der im Vergleich zum Festland höheren Anzahl von Sonnenstunden. Heute sieht ein Vergleich zwischen Westerland und Hamburg so aus: dort 1600 Sonnenstunden pro Jahr, im Binnenland 1400. Geplagte und betuchte Städter aus Berlin und Hamburg waren, beraten von ihren Ärzten, auch die ersten, die Sylt entdeckten und zu ihrer „Hausinsel" machten, was Sylt für Hamburger und Berliner auch heute noch ist. Die auf Sylt vorherrschenden West- oder Südwestwinde kommen vom offenen Meer, bringen also stets frische Luft mit und wehen in einer Stärke zwischen 3 und 5. Die Beaufortskala kennt zwölf Stufen von Windstärken bis zum Orkan. Aber auch die Sylter Winde sind stark genug, für eine stets kräftige Brandung zu sorgen. Und eine kräftige Brandung ist Voraussetzung für eine erfolgreiche Therapie gerade bei Erkrankungen der Atemwege.

Bioklima

Der inzwischen verstorbene „Vater der Meeresheilkunde" von Sylt, Professor Heinrich Pfleiderer, hat einmal eine Art Rangliste der Kurmittel aufgestellt, die dem Meer zu verdanken sind und die besonders bei den Erkrankungen der Atemwege Erfolgschancen bieten:

1. Spaziergänge in der frischen Luft von Sylt, die geprägt ist von Seewinden und nur sehr wenig Staub enthält. Nur der Ostwind, der aber relativ selten ist, erweist sich oft als ungesund, weil dann dumpfe Luft vom Festland nach Sylt getrieben wird. Was man übrigens auch ohne Windmesser am Verhalten der Sylter merken kann: Bei Ostwind werden sie streitsüchtig und muffig, ähnlich den Münchnern bei Föhneinbruch.
2. Das kalte Seebad, also das Schwimmen in der Brandung, wo das Wasser selbst in heißen Sommern nicht wärmer als 18 bis 19 Grad ist.
3. Warme Seebäder in den Sylter Kurmittelhäusern.
4. Inhalationen von meerhaltiger Luft, entweder direkt an der Brandung oder wiederum in den Kurmittelhäusern.
5. Schlickpackungen oder Schlickbäder.

Die Wirkungen des Sylter Klimas werden heute von dem 61jährigen Professor Uwe Jessel erforscht, einem Schüler Heinrich Pfleiderers. Das Forschungs-„Institut für angewandte Physiologie und medizinische Klimatologie" liegt hoch auf den Dünen zwischen Westerland und Wenningstedt, neben dem Eingang zur Nordseeklinik führt ein kleiner Weg hinauf in Jessels Forschungszentrum. Seit über 30 Jahren ist Jessel, Sohn eines 1925 aus Altona nach Westerland versetzten Lehrers, mit Wind und Wellen beschäftigt und dem, was beide im Menschen und am Menschen bewirken. Die Küstengebiete von Nordsee und Ostsee sind „für Forschungen auf dem Gebiet der Meeresheilkunde geradezu ideal, weil sie von den Industriezonen Englands, Hollands oder Sachsens weit genug entfernt sind", sagt er. Zusätzlich weht aus den Polargebieten kühle, aber staubfreie und deshalb gesunde Luft nach Sylt, das auf dem 55. Breitengrad liegt und damit in einem Bereich gemäßigter Temperaturen. Jessel: „Hier auf Sylt haben wir im Jahresdurchschnitt acht Grad – im Sommer 16 und im Winter um die Nullgrenze. Das sind Temperaturen, die den menschlichen Kreislauf nicht besonders belasten, es herrscht ein bei aller Frische mildes Klima und gleichzeitig genügend Wärme durch die Sonneneinstrahlung."

An der Brandung, wo die Nordseewellen an den Sylter Strand schlagen, erzeugt vom Meer aufsteigende verdunstende Luft, angereichert durch unzählige winzige Tröpfchen, die beim Brechen der Wellen in die Höhe schweben, eine Art unsichtbaren Nebel, Aerosol genannt. Dieses Aerosol ist frei von Staub, reich an Jodspurenelementen und stark salzhaltig. Die Wirkung auf den menschlichen Körper nennt man den Aerosoleffekt, gereizte Schleimhäute, entzündete Bronchien etc. gesunden. Jessel beschreibt eines seiner wichtigsten Experimente auf dem Gebiet der Meeresheilkunde so:

„In dieser Aerosolzone ist die heilende Wirkung von Meer und Wind am besten zu erfahren. Mit einer Gruppe von meist chronisch Bronchialkranken gehe ich möglichst dicht am Meer entlang gegen den Wind. Je nach Wind und Sonneneinstrahlung wird die Kleidung gewählt, stets Wolle, und die Dauer der Strandwanderung festgelegt. Am ersten Tag gehen wir eine Stunde, dann täglich zehn Minuten länger, und nach vierzehn Tagen ist die sogenannte Endwanderzeit von drei Stunden erreicht. Manche Patienten laufen nach 14 Tagen sogar im Winter barfuß durch die Brandung und fühlen sich als ganze Kerle – was gerade bei Asthmakranken aus psychologischen Gründen schon ein Teil der Therapie sein kann." Ungesund ist das Reizklima Sylts für Lungenkranke.

Wenn Jessel so redet, dann klingt das nach Naturheilapostel, nach einem kauzigen Wissenschaftler, der beharrlich erforscht, was außer ihm niemanden interessiert. Am Anfang seiner Forschungen hat er wohl auch unter dem Spott der Schulmediziner gelitten, die allemal lieber Tabletten und Spritzen verabreichten, als ausgerechnet Wanderungen zu verschreiben. Inzwischen sind die Kollegen des Dr. med. Uwe Jessel nachdenklich geworden, und Jessel hätte Grund, über sie zu lächeln, was er nicht tut: „Unsere Versuchspersonen waren nach solchen Wander-Kuren zwar nicht für immer geheilt, aber immerhin für lange Zeit gesund – ohne Tabletten wohlgemerkt. Außerdem braucht man für diese Strandtherapie nicht unbedingt den Sommer, wenn die Insel ohnehin überfüllt ist. Gerade im Herbst und Winter, wenn die Winde besonders rauh werden und dadurch auch die Aerosolzone besonders stark wirkt, haben wir

Viele der Apparate, mit denen Professor Uwe Jessel das Bioklima von Sylt erforscht, hat er selber erfunden. Diese Kugel reagiert auf Wind, Sonne, und Regen ähnlich wie die menschliche Haut und erlaubt so Rückschlüsse auf die Reaktion des Menschen. Uwe Jessels Institut liegt hoch auf den Dünen zwischen Westerland und Wenningstedt

großartige Therapieerfolge erzielt." Auf diesen Zusammenhang zwischen Jahreszeit und Kurbetrieb hat Uwe Jessel als überzeugter Sylter auch alle p.p. Kurverwaltungen hingewiesen, die ja immer wieder nach neuen Möglichkeiten suchen, den Badegästen eine Saisonverlängerung bis weit in den Winter hinein schmackhaft machen zu können.

Jessel will im nächsten Jahr in den Ruhestand treten. Einen Nachfolger für sein Institut, das der Universität Kiel angeschlossen ist, hat er erst nach langem Suchen gefunden: „Wahrscheinlich sind für die Kollegen die Verdienstmöglichkeiten hier zu gering." Der Privatmann Jessel, dessen Vater ein bedeutender Sylter Heimatforscher war, will sich nach seinem Abschied endlich um das kümmern, wofür er die letzten zwanzig Jahre keine Zeit fand: um den Zusammenhang zwischen Flut und Ebbe einerseits sowie Geburten und Todesfällen andererseits: „Die Frauen hier auf Sylt glauben fest an solche Zusammenhänge, aber meine Versuche, anhand von Geburtszeiten oder Todeszeiten eine Verbindung zu den jeweiligen Gezeiten herzustellen, sind bislang ohne Erfolg gewesen. Es gibt einfach keine statistisch nachweisbaren Zusammenhänge. Dennoch entsteht ein Volksglaube ja nicht einfach aus nichts. Darum will ich mich bald mal in die Kirchenbücher und Chroniken vertiefen, um vielleicht in der Historie etwas zu entdecken, was den Glauben der Neuzeit verständlich werden lassen kann."

Gezeiten, Watt und Quallen

Ebbe und Flut bestimmen nicht nur – so sagt man – Geburt und Tod. Ebbe und Flut bestimmen – das weiß man – das Bild des Meeres an den Küsten. Ursache für die alle sechs Stunden wechselnden Gezeiten ist die Anziehungskraft des Mondes. Friesen auf Sylt stel-

Die Marsch ist der fruchtbarste Landschaftstyp auf Sylt. Seit Jahrtausenden wird hier Landwirtschaft getrieben. Die satten Wiesen werden von den Sturmfluten immer wieder angenagt

len sich dabei den Mond als einen gewaltigen Riesen vor, der einatmet, also das Wasser an sich zieht (Ebbe), und ausatmet, also das Wasser von sich gibt (Flut). Der Unterschied zwischen diesen beiden Atemzügen, der Unterschied zwischen Ebbe und Flut, beträgt im südlichen Hörnum 1,96 bis 2,13 Meter, im nördlichen List 1,60 bis 1,81 Meter. Aber auch zwischen der Westküste in Westerland und der Ostküste in Munkmarsch gibt es Unterschiede: Die Flut trifft in Munkmarsch erst zwei Stunden und 13 Minuten nach dem Wasserhöchststand von Westerland ein.

Bei Ebbe darf auf Sylt gewattet werden. Menschen können im Watt spazieren gehen. Watt nennt man – und abgeleitet ist das Wort tatsächlich von waten – den schlammig-seichten Bereich an der Küste, auf dem sich Schlick, Sand und Plankton ablagern.

Bei den zweimal täglich wechselnden Gezeiten wird immer neuer Schlick herangetragen – für die mit den Touristenzahlen gestiegenen Bedürfnisse der Kurmittelhäuser und der dort verabreichten Schlickpackungen längst nicht mehr genug –, den die Ebbe nicht wieder mit hinaus nimmt, weil sie schwächer ist als die Flut. Wattenmeer zeichnet sich auch dadurch aus, daß die Flut langsam steigt und bei Ebbe Teile des Meeresgrundes fast trocken daliegen. Alle dort, also im Watt, lebenden Kleintiere wie Schnecken, Krebse, Würmer tragen mit ihren Ausscheidungen zur Dichte des Watts bei. Gleichzeitig sorgen sie dafür, daß Schlick und Sand zu einer festen Masse verbunden werden. An der Sylter Ostküste ist diese Beschaffenheit des Watts bei Ebbe deutlich zu sehen. Seit ein paar Jahren aber liegt selbst in den stillen Wattecken von Kampen so viel Schutt und Abfall, daß man den ursprünglichen Meeresgrund kaum noch erkennen kann.

Spaziergänge am Watt entlang sind sowohl an stürmischen wie an heißen Tagen beliebt, denn vor dem Watt bricht sich der ja meist vom Westen kommende Wind. Zwischen den einzelnen Orten gibt es an der Ostküste genügend schattige Plätzchen, im Gegensatz zum sonnenüberfluteten Weststrand. Es soll sogar Sylt-Gäste geben, die nur wegen der stillen Wattspaziergänge auf die Insel kommen und die allgemeine Strand-Euphorie nicht verstehen können.

Am Wattenmeer, aber auch an der Westküste, liegen seltsame Gebilde – formschön und voller Luft: Tang. Die mit Luft gefüllten Kammern der Pflanze ermöglichen ihr ein schwimmendes Überleben im Meer; wird sie an Land geschwemmt, scheidet die Pflanze einen Schleim aus, der die Ausdörrung so lange verhindert, bis die nächste Flut den Tang wieder mitnimmt ins offene Meer. Tang und Algen sind typisch für Sylt.

Weniger erfreulich für die Badegäste sind Quallen – wenn sie auch meist harmlos sind. Die schwabbeligen Gebilde werden vor allem bei Ostwind an den Sylter Strand geschwemmt und vertrocknen dort durchsichtig, zart und formschön an der Luft. Unangenehm werden nur die sogenannten Feuerquallen, die schmerzhafte Verbrennungen auf der menschlichen Haut hervorrufen können, was oft ärztliche Behandlung notwendig macht. Im allgemeinen aber bleibt Sylt selbst im Sommer von Quallen verschont.

Tier- und Pflanzenwelt des Meeres erforschen die Wissenschaftler der Litoralstation von List, eines Ablegers der 1892 gegründeten „Biologischen Anstalt Helgoland." Zu den Aufgaben der Station gehört es, sich um Strömungen, Tiefen und Salzgehalt des Meeres zu kümmern, um Muschelbänke und eine mögliche Veränderung des Fischbestandes.

Sozusagen Meeresheilkunde unter Wasser.

Dünen, Geest, Marsch und Heide

Die Insel Sylt besteht aus Dünen, aus Geest, aus Marsch und aus Heide – aus in Jahrtausenden gewachsenen Landschaftsformen. Ein paar kleine Wälder sind erst in den letzten 150 Jahren angelegt worden. Bezeichnungen wie Wuldeschlucht für die Schneise von Kampen hinunter ans Watt lassen allerdings darauf schließen, daß auch hier früher mal ein Wald (wulde) zu den ursprünglichen Landschaftsformen zählte, was auch Funde aus vorgeschichtlichen Zeiten beweisen. Aus jüngerer Zeit Sylts stammen der Lornsen-Hain auf der Keitumer Heide, der 1820 von Kapitän Lornsen, dem Vater des Freiheitshelden Uwe Jens, angepflanzt wurde, der Westerländer Friedrichshain und das Morsumer Wäldchen. Um die

Sylter Landschaft hat sich auch der Bildhauer Günter Rieck verdient gemacht, der vor seinem Restaurant „Kupferkanne" am Kampener Watt seit Ende des Zweiten Weltkrieges rund 30 000 Bäume und Sträucher angepflanzt hat. „Alle unbeschnitten und alle ungedüngt", versichert er.

Die Sylter Dünen werden von Dichtern gern als „Wellen des Windes" beschrieben. Alle sechs Stunden wird von der Flut Sand mit der Brandung am Strand abgelagert. Wenn dieser angeschwemmte Sand bei Ebbe trocknet, verfrachtet ihn der Wind – schon ab Windstärke vier – parallel zur Küste landeinwärts. So entstanden und wachsen seit Jahrtausenden Dünen auf Sylt, die erst in den letzten Jahrzehnten wieder in Abbruchgefahr gerieten, als mehr und mehr Touristen über sie hinwegstapften und dabei auch den Strandhafer nicht schonten, der die Dünen gegen Sandflug schützen soll. Experte für den Dünenschutz ist Oberförster Hermann Czock, der die Kunst des Strandhafer-Pflanzens so gut beherrscht, daß sein Ruf weit über Sylt hinausreicht. Nigerianer wie Belgier gehen bei ihm in die Lehre.

Aber Sanddünen haben auch eine höchst unerfreuliche Eigenschaft – sie wandern; die berühmten Lister Wanderdünen sogar zwischen vier und sieben Meter pro Jahr, und oft über die Straße zum Weststrand hinweg. In früheren Zeiten, sogar noch im letzten Jahrhundert, sind Rantum und Hörnum von Sanddünen zugedeckt worden. Die mühsame Arbeit der Dünenpflanzer half dagegen nur

Der in den Dünen angepflanzte Strandhafer soll die vom Wind angehäuften Sandberge befestigen, damit sie der nächste Sturm nicht wieder abträgt. Der Sandflug ist nicht weniger gefährlich wie die Sturmflut. Rantum ist in seiner Geschichte zweimal im Sand erstickt

wenig. Die höchste Düne von Sylt findet sich bei Kampen, die „Uwedüne", 52,5 Meter hoch und benannt nach dem Sylter Freiheitshelden Uwe Jens Lornsen. Weitere gewaltige Dünenlandschaften auf Sylt gibt es beim Jugenderholungsheim Puan Klent vor Hörnum, in der Nähe des Denghoogs bei Wenningstedt und nördlich von Hörnum.

Hauptgegner der Sylter Dünenlandschaft aber sind die Badegäste. Deren Trampelpfade über die Dünen nützt im Herbst der Wind aus, um den Sand abzutragen, sozusagen als Wegbereiter des Meeres, das dann bei einer möglichen Sturmflut durch diese ausgeblasene Rinne ins Inselinnere vordringen kann. Seit der Saison 1978 haben die Sylter Bädergemeinschaften und der Naturschutzverein „Söl'ring Foriining" durchgesetzt, daß für alle Sylter Dünen gilt: Betreten verboten. Ob sich allerdings jeder Sylt-Besucher an solche notwendigen Gebote hält, ist zweifelhaft.

Der Bauer Niels Diedrichsen kassiert während der Saison am Ellenbogen eine Maut für jedes durchfahrende Auto. Der Ellenbogen ist sein Eigentum. Das gesamte Listland gehört zwei Familien, den Diedrichsens und den Paulsens

Sandig ist auch eine andere Erdformation, die Geest. Diese für Norddeutschland neben der fruchtbaren Marsch typische karge und sandige Landart hat auch Sylt geprägt. Die größte zusammenhängende Geestfläche, zum Teil von Heide bedeckt, bildet eine Art Dreieck zwischen Kampen, Wenningstedt und Westerland. Auf der höchsten Geestkuppe der Insel wurde 1855 der Leuchtturm von Kampen gebaut. Entstanden ist die Geest in der vorletzten Eiszeit, vor etwa 180 000 Jahren, und zwar durch Ablagerung von Geschiebelehm nach Gletscherabwanderungen. Auf den so entstandenen Geestflecken konnten dann die ersten Siedler überleben, denn da fanden sie für ihre Häuser Warften, die ihnen Schutz vor Überschwemmungen boten.

Zwischen den einzelnen Geestkuppen wuchs, vor allem um die tiefer gelegenen Orte Morsum und Archsum herum, Marsch auf Sylt. Marsch ist ursprünglich Meeresschlamm, der sich an der Küste vor langer Zeit aufschwemmte, seinen Salzgehalt allmählich einbüßte und durch Regen und weitere Ablagerungen zu einer fruchtbaren Erdschicht wurde. Wissenschaftler nehmen an, daß in frühen Jahrhunderten vor der gesamten Sylter Ostküste fruchtbares Marschland lag, das erst nach der Burchardiflut 1634 vom Meer überschwemmt wurde.

Die fruchtbaren Marschteile der Insel Sylt waren in den Jahrhunderten vor Beginn des Fremdenverkehrs lebensnotwendig für die Inselbewohner. Während die Männer hinaus auf See fuhren, um dort ihr Brot zu verdienen, bestellten die Sylter Frauen die Höfe. Landwirtschaft und Seefahrt waren die beiden Pfeiler, auf denen das Leben von Sylt ruhte. Geblieben sind davon heute in der Sylter Marsch nur noch wenige intakte Bauernhöfe, und auch hier wird kühl gerechnet. Jens Uwe Petersen aus Morsum, größter Bauer der Insel Sylt, hat sein Marschland den Bullen überlassen: „Ich lasse auf meinen Wiesen nur noch Bullen weiden, andere Tiere habe ich nicht

Kampen und Keitum schreiben bei Neubauten Reetdächer vor. Das Material wird heute aus Ungarn importiert, die Sylter Schilfvorräte reichen längst nicht mehr. Solch ein Reetdach hält etwa 50 Jahre

mehr. Das bringt am meisten Geld." Der 31jährige Bauer vermietet in seinem neu erbauten Klinkerhaus mit Kunststoffenstern – „den alten Friesenhof habe ich abgerissen, allein die Versicherungsprämien fürs Reetdach hätten mich aufgefressen" – auch an Kurgäste. Der junge Morsumer: „Irgendwann will ich mit meiner Frau mal Amerika anschauen, das reizt mich schon lange."

Viele Bauern haben ihre alten Höfe abgerissen und sich „pflegeleichte" Häuser gebaut, seit Reet teuer geworden ist und die Versicherungsprämien für Reetdächer in die Höhe geklettert sind. Früher konnten die Sylter ihren Bedarf an Reet selber decken, wenn sie die Schilfwiesen am Watt mähten, das Schilf trockneten, imprägnierten, es zu dicken Büscheln zusammenbanden und mit Strohseilen auf die Dachsparren nähten. Heute wird Reet aus Ungarn eingeführt, weil es erstens billiger ist als das heimische Reet und zum andern die Sylt-Vorräte für den anhaltenden, hauptsächlich durch Zugezogene stimulierten Bauboom auf der Insel nicht ausreichen. Ein Reetdach hält einiges aus. Es braucht nur etwa alle 50 Jahre erneuert zu werden.

Ebenso typisch wie Marsch, Geest und Dünen ist für die Sylter Landschaft die Heide. Es gibt weite Geestflächen auf der Insel, die nur mit Heide bedeckt sind. Denn Heide nimmt auch mit kargen Böden vorlieb. Am schönsten wirkt das Heidetal zwischen Kampen und Braderup im Juni, wenn die Arnika blüht und die Heide aussieht wie ein orange glühendes, vom Wind gekräuseltes Meer. Den ganzen Sommer über blüht die Erika und spät im August dann das gemeine Heidekraut. Stärkere und höhere Heidepflanzen gibt es oberhalb von Morsumkliff, weil der Geestboden dort noch von fruchtbarer Marsch durchsetzt ist und so bessere Wachstumsbedingungen bietet. In schlechten Zeiten haben die Sylter ihr Heidekraut getrocknet und damit geheizt.

Vogelkojen

Die Beschreibung der Landschaft Sylts und damit der äußeren Bedingungen, die so anziehend auf Kurgäste wirkten, wäre unvollständig ohne die Sylter Vogelkojen. Enten werden in den Kojen von Rantum, Westerland und Kampen schon lange nicht mehr gefangen; die Vogelkojen sind heute Naturschutzgebiete voller seltener Pflanzen, Vögel und Kleintiere.

Früher aber sahen die Insulaner ihre Vogelkojen als Geschenk Gottes an, und sie nutzten diese Gabe weidlich aus. Auf Sylt gab es nämlich mindestens drei Plätze, auf denen durchziehende Enten rasteten. Diese Entenplätze waren für die Tiere das, was für den Seemann die Koje ist, Schlafstelle und Schutzraum zugleich. Holländischem Vorbild folgend, wurden Ende des 18. Jahrhunderts auf diesen drei Entenplätzen Vogelkojen gebaut, nach einem ganz einfachen Prinzip:

Man nehme ein Netz, vergleichbar der Fischreuse, mit der Aale gefangen werden. Dieses Netz wird, mit Hilfe von Stöcken, in dem von Enten angeflogenen Gebiet über einem künstlichen Kanal aufgestellt, und zwar wie eine Röhre, die mit einem großen Einlaß beginnt und am Ende, immer enger werdend, geschlossen ist. Millionen gutgläubige Enten wurden in solchen Netzen gefangen und getötet. Allein in der Kampener Vogelkoje – sie ist im Privatbesitz von acht Familien – sind zwischen 1809 und 1921 auf diese Art insgesamt 686 169 Enten gefangen worden. Der letzte Fänger in der Kampener Vogelkoje, der brennende Torfstücke in der Hand hielt, um seinen Eigengeruch zu überdecken, gab auf, als 1921 die neue Straße von Kampen nach List gebaut wurde und die Enten durch den Lärm verschreckt, ausblieben.

Heute nisten in der Kampener Vogelkoje, die durch die Sturmflut 1976 schwer gelitten hat und überschwemmt war, 40 verschiedene Brutvogelarten. Enten werden nicht mehr gefangen, sie stehen unter Naturschutz. Auch die Eidumer Vogelkoje ist als Bestandteil des Naturschutzgebietes Rantumer Becken stillgelegt.

Die Westerländer Vogelkoje besteht nur noch in der Anlage. Der moderne Lärm des alten Seebades hat die Enten verjagt.

Dabei war auch Westerland, gepriesen als „ungeschliffener Diamant an der Nordsee", mal eine Oase des Friedens inmitten einer herrlichen Dünenwelt. Und das ist noch gar nicht so lange her.

Wanderungen bei Wind und Wetter, für besonders Abgehärtete auch Baden, dienen auf Sylt der Gesundheit

Der schönste Bauerngarten der Insel und damit der nördlichste Garten Deutschlands liegt auf dem Ellenbogen, vor dem letzte

Iaus von Sylt. Bäume schützen die Blumen vor dem Wind

Ebbe auf der Sylter Wattenseite

Spaziergänger vor dem Roten Kliff von Kampen

Wie auf Sylt der Fremdenverkehr begann und was daraus zu lernen ist

Westerlands Aufstieg
Der Hindenburgdamm
Westerlands Abstieg
Die Flucht des Malers

Ein verschlafenes Friesendorf, 101 Häuser, knapp 1000 Einwohner, die meisten Männer Seefahrer, Bauern, ein paar Fischer: Westerland, Mitte des vorigen Jahrhunderts. Ab und zu verirrt sich ein Fremder hierher, der Verwandte besucht oder einfach ausruhen will. Der Arzt Gustav Ross aus Altona ist seiner Frau zuliebe mal nach Westerland gekommen, skeptisch, was ihn da am „Ende der Welt" wohl erwarte. Seine Skepsis schlägt um in Begeisterung: „Ein großartiges Meer, ein Strand meilenweit ausgebreitet wie der köstlichste Sammetteppich, die phantastische Dünenwelt, die hehre Schönheit der ganzen Insel." Die Friesen von Westerland fühlen sich geschmeichelt. Ja, der Ross, das ist ein kluger Mann, sagen sie.

Gustav Ross erzählt in Hamburg von Westerland, er spricht mit Freunden darüber, und die wiederum erzählen es anderen Freunden. Neugierde wird geweckt: Ob man da mal hinfahren soll? Gustav Ross fährt natürlich wieder nach Westerland, und er hat eine Idee. Macht doch ein Seebad aus eurer Idylle, sagt er den Gemeindevätern von Westerland, vor allem dem einflußreichen Strandvogt Wulf Hansen Decker, so was hat Zukunft, glaubt mir. Sie glauben ihm, besonders als 1855 die ersten Badegäste kommen und neugierig von den Westerländern empfangen werden. Es gibt noch keine Hotels, keine Pensionen, keine Strandpromenade, und von Kurtaxe hat auch noch niemand was gehört. Die Friesen vermieten Zimmer in ihren Häusern, und die paar Mark, die sie verdienen, stecken sie in den Sparstrumpf.

Gustav Ross drängt: Ihr müßt ein Hotel bauen, die Leute wollen Komfort. Schließlich ist die Anreise mühsam genug. Von Hamburg aus braucht der Dampfer fast elf Stunden, acht nach Wyk und dann noch einmal zweieinhalb bis zur Nössespitze bei Morsum, wo das Schiff anlegen kann. Von dort fährt man per Pferdedroschke noch einmal eine gute Stunde bis Westerland. Wieder hören die Westerländer auf Gustav Ross. Sie gründen eine Bade-AG, die sich zum „Segen der Commüne" um den Fremdenverkehr kümmern soll. 1857 wird das erste Hotel, das „Dünental", eröffnet, und Gustav Ross darf natürlich die Festrede halten:

„Sicherlich wird Sylt in wenigen Jahren zu den gesundesten Nordseebädern zählen. Aber für die Bewohner wird, was wir heute beginnen, nicht ohne tiefere Bedeutung bleiben. Schlagt die Blätter eurer Geschichte auf, ihr werdet finden, daß zu keiner Zeit eure Scholle allein euch ernähren konnte. Früher bereicherte euch der Walfang, jetzt der Schiffsdienst. Wer aber vermag in die Zukunft zu schauen? Ob nicht, wie das eine aufhörte im Laufe der Zeiten, auch einmal das andere geschmälert werden kann? Erkennt es dankbar an, daß die gütige Natur eure Insel mit so herrlichen Eigenschaften zu einem Seebade ausgestattet und das offene Auge einiger unter euch diesen Fingerzeig der Natur benutzt hat . . ."

Beifall. Keiner ahnt, daß die Nachkommen mal nicht allein den Finger der gütigen Natur ergreifen würden, sondern die ganze Hand. Ein Jahr nach der Eröffnung des „Dünentals" werden 263 Kurgäste in Westerland gezählt, 1860 sind es schon 470. Die Aktionäre der Bade-AG aber warten immer noch auf eine Konzession, die nur vom königlichen Hof in Kopenhagen erteilt werden kann. Aber auf „die allerunterthänigste Bitte von 33 Interessenten des Kirchspiels Westerland und Dorfs Tinnum an den Allerdurchlauchtigsten Allergroßmächtigsten Allergnädigsten Erbkönig und Herrn" um eine 20jährige Badekonzession kommt keine Antwort. Dabei wollte man doch „mit Rücksicht auf den nächsten Sommer mancherlei Vorkehrungen in Bezug auf Erweiterung und Vervollkommnung der hiesigen Badeanstalt" treffen. Man will natürlich Geschäfte machen, denn der finanzielle Erfolg der englischen Seebäder hat sich bis Westerland herumgesprochen.

Der Hof in Kopenhagen läßt sich Zeit mit der Konzessionserteilung. Auch die Dänen wissen um die goldenen Zukunftsaussichten eines Seebades. Die Westerländer bieten an, einen Dänen als Badearzt zu bestellen und dem Landvogt seiner Majestät den Vorsitz ihrer AG zu übertragen. Das, antworten die Dänen, sei ohnehin selbstverständlich, eine Konzession indes müsse trotzdem erst noch geprüft werden.

Was zunächst einmal den gerade begonnenen Aufschwung Westerlands bremst. Was wird aus den Investitionen, wenn die Dänen die Konzession verweigern? Schon wollen die Aktionäre aufgeben und den Dänen das Geld überlassen, aber da gibt es gottlob ja noch Bismarck und dessen Großmachtpolitik. 1867 werden aus den bekannten Umständen die Herzogtümer Schleswig und Holstein dem Königreich Preußen zugeschlagen, und damit haben die Dänen auch Westerland verloren. Nun kann's endlich richtig losgehen mit dem Fremdenverkehr. „Das Wachstum Westerlands wird nun in geregelten Bahnen stattfinden", stellt ein Mitglied der Bade-AG befriedigt fest.

Wirtshäuser werden gebaut, und warnende Stimmen erheben sich, die den „consum geistiger Getränke" verdammen, ja, überhaupt dieses neue Übel Fremdenverkehr anprangern, das die Sitten auf Sylt verderben wird. Vergebens. Resigniert stellt der „Enthaltsamkeits-Verein in Betreff des Branntwein-Trinkens" seine Tätigkeit ein. Und Dirk Meinerts Hahn, ein geachteter Kapitän, geht als erstes Opfer in die Chronik Sylter Fremdenverkehrs ein. Er hatte sich zu Tode gesoffen und war an Säuferwahnsinn gestorben. Sylt-Chronist C. P. Hansen nennt auch die Gründe: „Als aber die vielen freundlichen und gebildeten Badegäste in den folgenden Jahren fleißig bei dem erfahrenen, weitgereisten Hahn einkehrten, sich von ihm erzählen und von dem splendiden Lebensmann mit einem Glase Wein gern und oft traktieren ließen, da konnte sein besseres

In diesen Badekarren begann der eigentliche Kurbetrieb am Westerländer Strand. Die Kurgäste mieteten sich ein solches Gefährt oder ein Badezelt. Sie absolvierten das Strandleben züchtig und in „luftiger" Kleidung – die Herren mit Krawatte

Ich den damit verknüpften Versuchungen und einer alten Neigung zum Weintrinken nicht mehr Widerstand leisten."

Ab 1867 wird die Überfahrt nach Sylt bequemer. Besucher können mit der Eisenbahn bis Hoyer-Schleuse fahren und sich von dort nach Munkmarsch übersetzen lassen. Am Kai warten die Droschken der Westerländer Pensionen und Hotels, um die p.p. Gäste abzuholen. Die Gründerzeit geht an der Insel nicht spurlos vorüber, denn die Stützen der wilhelminischen Gesellschaft haben Westerland als neues Modebad entdeckt.

1885 verkauft die Bade-AG die Kureinrichtungen von Westerland für 365 000 Mark an den Arzt Dr. Pollacsek, der auch noch die Baderechte im benachbarten Wenningstedt erwirbt. Am Strand werden Badekarren aufgestellt, in denen sich die Gäste umziehen können; man sitzt in leichten Sommerkleidern vor oder in bunten Zelten, bedient von Pagen der verschiedenen Hotels und Gasthöfe Westerlands. Ein Kurhaus wird gebaut, ein Warmbadehaus, die „Sylter Kurzeitung" erscheint, und erstmals kann man auf den Kurlisten nachlesen, welche prominenten Zeitgenossen Westerland zur Sommerfrische erkoren haben: Da kommt der Herzog Max von Württemberg mit seiner Gattin, da kommt der Verleger Eduard Brockhaus aus Leipzig, Julius Wolff aus Berlin oder Frau Caruso mit Kind. Die „Sylter Dampfschiffahrtsgesellschaft" übernimmt mit ihren Schiffen „Freya", „Frisia" und „Westerland" den Zubringerdienst vom Festland nach Munkmarsch. Dort wartet ab 1888 die Inselbahn fauchend auf die Gäste und fährt sie über die Heide nach Westerland. Die Trasse verlief etwa da, wo heute der Westerländer Flughafen liegt. Diese Bahn, ebenfalls von der privaten Dampfschiffahrtsgesellschaft betrieben, fährt natürlich nur im

Sommer, die Einheimischen brauchen keine Bahn, die gehen zu Fuß. Die Saison 1885, 30 Jahre nach der Gründung des Seebades, verzeichnet 3532 Kurgäste. Westerland blüht.

Gleich nach der Jahrhundertwende wird der Bau einer zweiten Bahnlinie in Angriff genommen, die Süd und Nord, Hörnum und Westerland verbinden soll. Die Sommergäste, die bereits in Hamburg das Schiff besteigen und nicht mit der Eisenbahn über Munkmarsch kommen, landen im Hörnumer Hafen und werden von der Inselbahn in einer Dreiviertelstunde nach Westerland transportiert.

Im Sommer 1902 dürfen Familien zum erstenmal gemeinsam baden. Bis dahin trennte ein zwei Kilometer langer neutraler Streifen den Herren-Strand vom Damen-Strand. Knaben bis zum Alter von elf Jahren durften an den Strand der Damen mitgenommen werden, allerdings mußten sie „zart und kränklich" sein. Das erwartete Sodom und Gomorrha bleibt trotz gemeinsamen Badens aus, wie die „Kurzeitung" befriedigt feststellt: „Man muß diese Anmut, diese Heiterkeit gesehen haben, um die wahre Freude zu empfinden." Die Badeanzüge müssen allerdings „züchtig" sein, das überwacht die Kurverwaltung. Die gibt es also auch schon. Auch die Kurtaxe. Frei von Kurtaxe sind nur Kinder und selbstverständlich die Dienerschaft . . .

Ein Badegast beschreibt das Treiben am Strand, wo sich die Badenden in der Brandung an langen Seilen festhalten, die am Ufer verankert sind, etwas boshaft so: „Welch eine Sammlung unschöner Gestalten. Welch ein Mangel an harmonischem Körperbau, kräftiger Muskulatur, schwellenden Gliedern! So manche Lockentour und künstliche Perücke bleibt zurück in der Karre, aus breitarmigen Rücken schälen sich dünne Ärmchen mit aufgewulsteten Ellenbo-

Zwischen dem Damenbad und dem Herrenbad von Westerland lag ein zwei Kilometer langer „neutraler" Streifen. Erst 1902 rang man sich zu einem Familienbad durch

Über den Strandburgen, die schon 1907 gebuddelt wurden, wehten bunte Fahnen – die des Deutschen Reichs, der einzelnen Städte und vieler Vereine

gen . . . Hatte ich doch ehrfürchtig den reichen Herrn Kommerzienrat betrachtet, als seine dicke Gestalt gravitätisch an mir vorüberschritt, anzuschauen wie ein gewaltiger wandelnder Goldbarren, heute steht er ängstlich wackelnd auf dürren Beinchen, hält das in den Sand geankerte Tau mit beiden Händen fest, dort ganz vorn, wo kaum der Schaum der letzten Wellen hinansteigt. – Jene pomeranzenfarbige Figur, die aussieht wie entsprungen aus einem altbyzantinischen Gemälde, eckig und spinnig, ist unser zarter Elegant, der Liebling der Damen, jetzt freilich beraubt aller künstlichen Dinge und Schönheiten. Was doch Stadtluft, Schlemmerei, Studierstube, Schreibpult für Karikaturen schaffen! Dicke schwammige Gourmands, lederbraune Hypochonder, schlaffe Jünglinge . . .”

Inzwischen sind auch die Gemeindeväter von Westerland wach geworden und haben Dr. Pollacsek die Konzession für die Seebäder Westerland und Wenningstedt wieder abgekauft, 815 000 Mark haben sie bezahlen müssen. Am Strand stehen die ersten 34 Strandkörbe, in den Kurlisten werden neue Rekorde verzeichnet, 1908 besuchen 25 000 Badegäste die Stadt Westerland, davon 25 Freiherrn, 12 Barone, 45 Grafen, 9 Prinzen, 1 Fürstin, 1 Herzogin. Neun Kurgäste kommen aus Afrika; die sind auch ohne Titel exotisch genug und werden in der „Kurzeitung” vorgestellt. Die Insel hat zu dieser Zeit 129 Telefonanschlüsse, davon 2 in Kampen und Munkmarsch, 9 in Keitum, 8 in Wenningstedt. Die restlichen 108 verteilen sich auf Westerland: 13 staatliche Dienststellen haben Telefon, 27 Hotels und Restaurants, 8 Privathäuser und 60 Geschäfte. Die Schönheitslehrerin Madame Barkamp aus Berlin spricht im

Hotel „Victoria" über „Ein Leben in Schönheit", und im „Grand Restaurant Aegir" spielt das Damenorchester „Wiener Waldglöckchen."

Nur im Herbst, im Winter und im Frühjahr ist Westerland wieder das, was es einmal war: ein friesisches Dorf. Dann liegen die Hotels und Grands Restaurants ausgestorben da, und die Zeit scheint wieder stillzustehen.

Der Erste Weltkrieg bremst die rasante Entwicklung Westerlands. Vier Jahre lang verstummen die Kurkapellen, alle Hotels und Pensionen werden zu Militärunterkünften degradiert, die Zahl der Gäste sinkt auf den Stand von 1855 herab.

Aber kaum ist der Krieg aus, da geht es weiter. Die zwanziger Jahre werden auch für Westerland golden. Allerdings müssen Verkehrsprobleme gelöst werden, denn die Zufahrt vom Festland ist noch immer recht umständlich und dauert oft einen ganzen Tag lang.

Ein Damm muß her.

Der Hindenburgdamm

Die Idee zu dem Bauwerk, das Sylt einmal reich machen wird, hat ein Stationsvorsteher namens Abraham bereits im Jahre 1908. Der fertigte in Niebüll die Waggons der Eisenbahn ab, mit denen die Kurgäste durch dänisches Gebiet nach Hoyer-Schleuse fuhren (nach dem Ersten Weltkrieg, als Nordschleswig dänisch wird, mußten die Waggons sogar vorher verplombt werden). Wie einfach es doch sein könnte, wenn der Zug direkt von Niebüll übers Meer nach Sylt fahren würde, dachte Abraham. Und die Idee ließ ihn nicht mehr los. Er machte Pläne und Berechnungen, schickte sie an seine vorgesetzten Dienststellen nach Berlin und fand dort Beifall.

1913 wird der Bau eines Damms von Niebüll nach Sylt beschlossen. Bevor aber mit dem ehrgeizigen Projekt begonnen werden kann, bricht der Erste Weltkrieg aus. Erst 1923 wird der erste Spatenstich getan.

Gebaut wird so: Mit einem Schwimmbagger rammen die Arbeiter bei Ebbe im Abstand von eineinhalb Meter Pfähle ins Watt, die durch dichtes Buschwerk miteinander verbunden werden. In die Zwischenräume stampft man Kleie, die aus dem Untergrund des Watts geholt wird.

Aber schon der erste Herbststurm 1923 schwemmt alles wieder weg – Tand, Tand ist das Gebilde von Menschenhand. Man ändert die Planung. Zwischen die Pfähle wird nicht mehr Kleie aus dem Watt geschüttet, sondern trockener Boden vom Festland, der den Wellen so lange Widerstand leistet, bis Pflastersteine dem Werk den nötigen Halt geben. Vier Jahre lang kämpfen sich die Bautrupps Meter für Meter durchs Watt vor, immer mit der Angst im Nacken,

Von Kähnen aus wurden beim Bau des Hindenburgdamms Pfähle ins Watt gerammt. Diese wiederum wurden mit Buschwerk verbunden, damit der angeschüttete Boden Halt fand

Reichspräsident Paul von Hindenburg am 1. Juni 1927 vor dem Bahnhof von Westerland. Er hat soeben den Damm eingeweiht, der seinen Namen trägt

vom nächsten Sturm wieder zurückgeworfen zu werden. Der Damm wird 50 Meter breit, Platz genug für einen möglichen zweiten Schienenstrang, den man vielleicht irgendwann brauchen könnte. Dieses zweite Gleis wird dann 50 Jahre später gebaut.

1927 ist der Damm fertig, und am 1. Juni wird er eingeweiht. Ein warmer Tag mit bedecktem Himmel. Reichspräsident Hindenburg eröffnet die Schiene durchs Watt in Niebüll mit den Worten: „Dank des Reiches an alle, die mit Kopf und Hand an der Schaffung dieses großen Seedammes mitgearbeitet haben, und mit dem Wunsch, daß der neue Weg nach Sylt ein festes und ewiges Band zwischen der Insel und dem Festland sein möge." Die Honoratioren der Stadt Westerland bereiten „ihrem" Hindenburg einen großen Empfang. Der

Präsident wird mit einem Festzug erfreut und einem feinen Mittagessen gelabt. Vier Stunden bleibt Hindenburg zur Einweihung des nach ihm benannten Dammes auf der Insel, die er weder vorher noch nachher betreten hat. Professor Uwe Jessel erinnert sich: „Mein Vater stellte beim Festzug den C. P. Hansen dar, mein Bruder Hubertus und ich saßen als Schüler lauschend zu seinen Füßen. Mein Vater hatte Felix Dahns ‚Ein Kampf um Rom' in der Hand, den Einband aber rot angemalt, damit man den Titel nicht erkannte. Als es zu regnen anfing, lief die rote Farbe an seiner Hand herunter. Das sah aus, als ob er bluten würde."

Den Syltern bleibt der Damm. Sie geraten für ihre kühlen friesischen Verhältnisse geradezu aus dem Häuschen, vergessen die damals immense Bausumme von 18,5 Millionen Reichsmark für den 11,2 Kilometer langen Damm.

Die Investition hat sich jedoch gelohnt. Heute rollt im Jahresdurchschnitt pro Minute ein Auto über den Hindenburgdamm. Die Rekordquote von 3600 Autos, die an einem einzigen Tag per Autozug von Niebüll nach Westerland geschafft worden sind, ist Ostern 1976 erreicht, wird aber sicher schon bald überboten werden.

Daß diese Erfolgsstatistik auch ihre Schattenseiten hat, ist inzwischen auch den Insel-Friesen und ihren Gästen klar. Sicher, der Damm hat den Syltern viel Geld gebracht, weil erst durch ihn der Rekordzuwachs im Fremdenverkehr erreicht werden konnte. Aber so ganz wohl ist ihnen nicht in ihrer Haut, wenn sie im Sommer bis zu 16 Autozüge pro Tag über ihren Damm fahren sehen. Wie hoch der Preis für den Fortschritt sein kann, hat schon jener Dichter geahnt, der in der „Dammbau-Ausgabe" der „Sylter Zeitung" am 1. Juni 1927 reimt:

Gelungen ist heute das Werk,
Die Insel verbindet ein starker Damm
Mit dem Festland der wogenden Welt.
Nun donnert auf eisernem Schienenstrang
Der Bäderzug über das Meer.
Fern grollen die Wogen noch ihren Sang
Berennen den Damm nicht mehr.
Nun bist Du, stolzes Eiland, mein Sylt
Verknüpft mit der Welt voller Plag.
Bewahre Dein Friesentum, daß sich erfüllt
Dein Wahlspruch Leewer doad as slav.

Mit dem Hindenburgdamm beginnt endgültig die Neuzeit auf Sylt. Die Reise nach Sylt ist kein Problem mehr, und die „Sylter Dampfschiffahrtsgesellschaft" meldet Konkurs an. Ihre Fährschiffe von Hoyer-Schleuse nach Munkmarsch sind nicht mehr gefragt. Auch die Inselbahn zwischen dem Munkmarscher Hafen und Westerland macht bald ihren letzten Schnaufer, dafür blüht die Inselbahn von Nord nach Süd, in die Sylter Geschichte als „rasende Emma" eingegangen. Westerländer Kurgäste fahren jetzt auch schon mal nach Kampen und nach List.

Westerlands Abstieg

In Westerland geht es zu wie in einer Goldgräberstadt. Und haben in der Tat die Westerländer nicht alles, woraus sich Profit schlagen läßt - Wind, Wellen, Strand? Eben. Die Städtische Sparkasse meldet 1935 einen Anstieg der Bilanzsumme von 1 568 000 auf 1 766 000 Millionen Reichsmark, Friedrichstraße und Strandstraße werden asphaltiert, 60 000 Badeprospekte gedruckt, man erhöht die Kurtaxe auf 1,10 Reichsmark für die erste Person einer Familie, und die Freiwillige Feuerwehr bekommt eine Motorspritze. Erste kritische Stimmen in der „Sylter Kurzeitung", daß die „stürmische Entwicklung das Stadtbild architektonisch schon fast zerstört" habe, werden geflissentlich überhört. Neuer Rekord in der Kurgast-Statistik: 1935 besuchen 26 175 Badegäste Westerland. Der D-Zug von Hamburg-Altona braucht nur noch 3 Stunden 40 Minuten, die Lufthansa fliegt in einer 17sitzigen Ju 52 den Flughafen an und befördert 451 Fluggäste pro Saison.

In den dreißiger Jahren entdecken auch die Nazis Westerland und Sylt. Ein bescheidener junger Mann namens Roland Freisler, der spätere Blutrichter, wohnt bei der Kampener Pensionswirtin Klara Tiedemann, Hermann Göring verbringt ab 1935 jeden Sommer auf Sylt und kauft sich in Wenningstedt direkt am Kliff das Haus „Min Lütten". Aus den Strandburgen wehen ihm bunte Hakenkreuzfahnen entgegen, und es recken sich die Arme zum deutschen Gruß

Hermann Göring mit Frau in Westerland. Er gehörte während des Dritten Reichs zu den Stammgästen von Sylt. In Wenningstedt besaß er ein Haus mit dem sinnigen Namen „Min Lütten". Sylt war die Modeinsel der Nazi-Größen

Wahl der „Miß Strand" auf der Westerländer Strandpromenade 1937

Bei einer NSDAP-Versammlung in Westerland wird beschlossen: „Wir wollen dafür sorgen, daß die Juden bei uns nicht mehr einziehen." Und die Bäder Wenningstedt und Kampen kommen nach: „Es ist festgestellt worden, daß Juden, die in Nachbarbäder nicht geduldet werden, versuchen, bei uns unterzukommen. Wir machen bei dieser Gelegenheit ausdrücklich darauf aufmerksam, daß Juden auch bei uns in höchstem Grade unerwünscht sind."

Während des Zweiten Weltkriegs bevölkern Soldaten die Insel: Flakeinheiten, Marine, Seeaufklärer der Luftwaffe. Sie warten hier auf die Engländer, die zum Glück nicht kommen. Bombengeschwader der Royal Air Force werfen Bomben auf Sylt, zuerst auf Hörnum, dann auf Wenningstedt, wo das Hotel „Zum Kronprinzen" den Bomben als Anflugziel dient. Bei Kriegsende wird auf Sylt kapituliert, nicht gekämpft.

Nach 1945 dürfen auf Verordnung der Siegermächte nur „Erholungsbedürftige" Westerland besuchen, und sonst kommt auch niemand, abgesehen von den über 4000 Flüchtlingen, die sich unfreiwillig in Westerland niederlassen. Vier, fünf Jahre lang hat die Insel dann noch Schonzeit, ehe das „Wirtschaftswunder" auch Sylt erfaßt.

1949 wird die Spielbank eröffnet, 1951 die Promenade erweitert, 1953 die Liegehalle gebaut. Ein Haus mit Grundstück in guter Lage kostet etwa 70 000 Mark. Dasselbe Haus würde heute das Zehnfache kosten. 1958 baut die Bundesbahn eine neue Verladerampe für die Autos, 1960 wird die erste Verkehrsampel in Westerland aufgestellt, 1962 das erste Hochhaus gebaut und der Flughafen wieder in Betrieb genommen. Die Zahl der Gästebetten ist von 2000 im Jahre 1946 auf nunmehr 15 000 gewachsen, es gibt die ersten Einbahnstraßen, die Baulandpreise haben sich verfünffacht, und auf Stil und Geschmack dieser neuen Bauten wird schon lange keine Rücksicht mehr genommen. Immerhin wird nach dem Bad-Entdecker Gustav Ross eine der neugebauten Straßen benannt.

Am Beispiel Westerland läßt sich genau das heutige Dilemma der Insel Sylt erklären: Einerseits muß die gewachsene Landschaft gerettet werden, um Sylt attraktiv zu erhalten, andererseits wollen die Inselfriesen an den Fremden möglichst viel Geld verdienen und deshalb Wohnraum schaffen in Form von Hotels, Pensionen, Apartments. Am besten wäre es, dem Kurgast alles Geld aus der Tasche zu ziehen, ihn aber nicht auf die Insel zu lassen.

Westerland ist heute in der Saison überfüllt wie Rimini (Ostern 1978: 38 000 Badegäste) und teuer wie St-Tropez (Kurtaxe für die ersten beiden Personen einer Familie vier Mark pro Tag). Westerland bietet trotz Fußgängerzonen die meisten Abgase und die meisten Kureinrichtungen, um die Atemwege wieder von den Abgasen zu reinigen: Kurmittelhaus, Wellenbad. Westerlands Strand ist dicht besiedelt, und Westerland hat die meisten Hochhäuser. Das schlimmste Projekt, im Modell schon genehmigt, war „Atlantis", geplant in einer Höhe von 100 Metern direkt an der Strandpromenade. Bürgerproteste und die letztendliche Verweigerung der Baugenehmigung durch die Kieler Landesregierung verhinderten „Atlantis" 1972 gerade noch. Die Stadtväter von Westerland hätten es liebend gern gebaut, auch deshalb darf seit „Atlantis" Westerland seine Baugenehmigungen nicht mehr selber erteilen. Über Anträge wird von der Kreisbehörde in Husum entschieden.

Bestimmend im Westerländer Stadtbild sind heute „McDonald's" und „Wienerwald", Imbißstuben und Sexshop, Kurgastsilos genannte Apartmentbauten und Reihenhäuser, Souvenirläden und teure Boutiquen. Westerland ist, bei 680 533 Übernachtungen pro Jahr, zwar reich geworden, aber kaum noch zu retten.

Nur im Winter, wenn der Blick nicht mehr durch Menschenmassen verstellt, wenn er frei wird für die restlichen alten Häuser mit Holzveranden im ehrwürdigen typischen Baustil aller Seebäder der Erde, läßt sich noch ein Hauch von dem spüren, was einst den Westerland-Entdecker Gustav Ross in Euphorie versetzt hat.

An der „Heimatstätte für Heimatlose" wird Westerlands schlimme Entwicklung deutlich. Die am Strand angeschwemmten unbekannten Toten wurden bis zur Mitte letzten Jahrhunderts schlicht und ohne Zeremonie in den Dünen verscharrt. 1855, als die ersten Badegäste kamen, ließ der Strandvogt Wulf Hansen Decker für diese Toten einen Friedhof anlegen, weit vom Ortsrand Westerlands und weit von der Brandung entfernt, mitten auf der leeren Heide. Alle vom Meer freigegebenen Toten wurden bis 1905 dort beerdigt. Das kleine Geviert war von einem Zaun umgeben, eine kleine weiße Holztür führte zu den Holzkreuzen, auf denen nur das Datum stand, an dem die Leiche gefunden worden war. Die unter dem Namen Carmen Sylva als Dichterin berühmte Königin Elisabeth von Ru-

Der Westerländer Friedhof für Heimatlose wurde 1855 in der einsamen Heide vom damaligen Strandvogt Wulf Hansen Decker angelegt

mänien hat 1888, als sie in Westerland zur Kur weilte, einen Gedenkstein für die 52 Gräber der Heimatlosen gestiftet, mit der – freilich nicht von ihr entworfenen – Inschrift:

Wir sind ein Volk vom Strom der Zeit
gespült zum Erdeneiland,
Voll Unfall und voll Herzeleid,
bis heim uns holt der Heiland
Das Vaterland ist immer nah
wie wechselnd auch die Loose.
Es ist das Kreuz von Golgatha
Heimat für Heimatlose

Heute liegt der Friedhof an der vielbefahrenen Ecke zwischen Elisabethstraße und Kapitän-Christiansen-Straße mitten in Westerland, an einer Seite begrenzt von einem häßlichen Apartmentbau, an der anderen Seite von einem Einfamilienhaus. Er ist vom Bauboom überrollt worden. Den Badegästen, die zum Strand eilen, fällt das kleine weiße Holzschild „Heimatstätte für Heimatlose" gar nicht mehr auf. Die Toten können sich nicht wehren.

Daß sich aber auch die Lebenden nicht mehr so recht gegen das über sie hereinbrechende Westerland wehren können, zeigt die Geschichte des Günter Zachariasen.

Die Flucht des Malers

Damals, 1969, als er seine Bilder in Wyk auf Föhr ausstellte, kam ein Professor der Kieler Kunsthochschule zu ihm, betrachtete seine Gemälde und meinte, in Kurorten sollten Maler eigentlich doch so

Heute liegt die „Heimatstätte für Heimatlose" mitten zwischen Apartmenthäusern. Der Bauboom des Seebades hat auch die Toten des Meeres überrollt

wirken, daß Bilder einer heilen Welt entstehen. Der Kurgast, der im Alltag immer so gestreßt und gebeutelt werde, habe darauf doch ein Anrecht. Da hat der Günter Zachariasen, im Hauptberuf stellvertretender Filialleiter der Commerzbank Westerland und im größten Sylter Seebad vor 41 Jahren geboren, eine friesische Antwort gegeben. Schon richtig, Herr Professor, hat er gesagt, aber dann sollte die AOK auch uns Maler bezahlen, sozusagen als malende Kurmittel. Der Herr Professor aus Kiel war daraufhin ein wenig verwirrt.

Damals, 1954, als Günter Zachariasen sich gerade darauf freute, nach der Schulzeit vielleicht Journalist zu werden, auf alle Fälle aber zu studieren, hat der Stiefvater gesagt, zwei Jahre Mist fahren werde den Verstand erst richtig wachsen lassen. Und die Mutter hat den Jungen im Westerländer Gymnasium abgemeldet, weil ja fürs Studium doch kein Geld dagewesen wäre, und ihm Lehrstellen angedient. Der 17jährige Obersekundaner hat zwar versucht, sich zu weigern, indem er die Termine für eine Vorstellung beim zukünftigen Lehrherrn einfach nicht wahrnahm, er hat auf die Sommerferien gehofft, in denen die Mutter sich vielleicht besinnen werde, aber hingegangen ist er dann doch, als die Städtische Sparkasse dem Stiefvater versprochen hat, den Günter als Stift anzulernen. Mit Wuttränen in den Augen hat er jeden Tag an seiner Lehrstelle gesessen, verbittert, aber fleißig war er dann doch.

Damals, 1955, ist der Junge, der keine Freunde hatte, oft morgens um drei Uhr, wenn alle noch schliefen, über die freien Dünen von Westerland gegangen, hat sein sechs Meter langes selbstgebasteltes Boot vom Schuppen an den Strand geschleppt und sich von Westerland aufgemacht nach Hörnum. Da saß er in seinem Boot, hat den Himmel angeschaut, ist die ganze Westküste heruntergepaddelt, bei einlaufendem Wasser um Hörnum-Odde herum in den Hafen und bei auslaufender Flut wieder zurück nach Westerland. Das ging natürlich nur sonntags, denn an Werktagen hatte er ja in der Städtischen Sparkasse zu sein, wie es sich gehörte.

Heute, 1978, sitzt dieser Günter Zachariasen vor mir, ein Baum von einem Kerl, schütteres blondes Haar, fester Bart, an dem er sich bei manchen Erinnerungen festhält, und mit hellen Augen, die nie stillstehen. Er hat sich immer noch nicht abgefunden mit dem aufgezwungenen Lebensweg, obwohl er nun auch schon fast 25 Jahre im Bankfach arbeitet. Aber ausgebrochen ist er noch nicht. Wenigstens nicht ganz, nur so halb. Natürlich möchte er nur davon leben, was er als Maler verdient, aber praktisch genug ist er auch, daß er sieht, wie schwer das sein wird, und daß er schon noch ein paar Jahre warten muß, um seine Jugendträume zu verwirklichen.

Der Friese Zachariasen brauchte lange, bis er seinen Weg gefunden hatte. Da galt es, mit der Erkenntnis fertig zu werden, daß er sich als Junge nur hätte wehren müssen, richtig wehren, und die Sparkasse wäre ihm erspart geblieben. Da galt es, das Selbstbewußtsein zu bewahren, daß er, Günter Zachariasen, ein guter Maler sei und daß sich das durchsetzen werde, irgendwann, wie alles Gute im Leben. So wie eben nach dem Winter der Frühling kommt, spät vielleicht, aber ganz bestimmt.

Und da galt es schließlich auch, mit dieser Liebe zu Sylt, mit diesem Haß auf Sylt, mit dieser Sehnsucht nach Sylt und mit diesem Abscheu vor Sylt so fertig zu werden, daß man mit solchen Widersprüchlichkeiten noch leben konnte. Und dazu leben in Gegenwelten, als Maler hier, als Bankmanager dort. Denn sein Stolz ist ihm gar nicht bewußt, wenn er sagt: „Mit 28 Jahren war ich schon Prokurist."

Die Erinnerung, die er bedächtig aus seinem Bart zupft, ist nicht nur bloß Alltag auf der Insel, auf jeden zutreffend, der nicht gerade im goldenen Alkoven geboren ist. Nein, so dreckig wie dem Günter Zachariasen ging es nicht vielen. Der Vater war angestellter Zimmermann, die Mutter Hausfrau, und gelebt haben sie mit ihren drei Kindern mehr schlecht als recht auf einem kleinen Zipfel Land vor den weiten Feldern hinter Westerland. Sein Zuhause war in der Nähe des heutigen Sylter Stadions, in dem die Fußballer des TSV Westerland in jeder Saison von neuem gegen den Abstieg spielen (insofern eine geradezu klassische Sylter Mannschaft). Die frühen Szenen, die der kleine Junge mit dem Vater erlebte, haben etwas Unwirkliches in einer wirklichen Welt: „Er war ein großer Wilderer, das kann man schon sagen. Manchmal durfte ich mit auf die verbotene Jagd. Da hat er sein Gewehr auseinandergenommen, den Lauf in den einen Ärmel gesteckt und den Schaft in den anderen, und so sind wir losgezogen. Wenn er was erlegt hat, Rebhühner oder Karnickel, hat er die Schöße seines Mantels hinten eingeschlagen,

Günter Zachariasen, Bankmanager in Westerland, hat sich auf dem Festland einen alten Bauernhof gekauft, weil er auf Sylt keine Ruhe mehr fand. Dort in Klanxbüll malt er und hofft darauf, einmal vom Verkauf seiner Bilder leben zu können

und in der so entstandenen Falte hat er die Beute versteckt. Erwischt worden ist er nie."

Der Vater ist 1944 gefallen, da war Günter Zachariasen erst sieben Jahre alt, und richtig gekannt hat er seinen Vater eigentlich noch nicht. Die Mutter mußte ihn und seine beiden Schwestern allein durchbringen. Verwandte, die hätten helfen können, gab es keine. Die Großmutter hat als Dünenpflanzerin gearbeitet, wie viele Frauen auf Sylt, und oft nicht genug zum Leben gehabt: „Mein Vater hat manchmal ihre Rechnung beim Krämer bezahlt, wenn er ein bißchen Geld übrig hatte. Die einzige Kuh, die meine Großmutter besaß, wollte sie nie verkaufen, egal, wie schlecht es ihr ging. Sie wußte wohl, daß sie nie wieder eine andere kaufen könnte. Auch meine Großmutter hat ihre Kinder allein durchbringen müssen, weil mein Großvater früh gestorben war. Während der Bauarbeiten am Hindenburgdamm hat sie einen Mittagstisch für die Bauarbeiter gehabt, um etwas dazuzuverdienen, und sie hatte wohl auch schon früh Kurgäste. Aber das reichte ja alles kaum zum Leben, vor allem im Winter waren die meisten Einwohner Sylts arbeitslos."

Auch Günter Zachariasens Mutter hat es also mit Vermietung versucht, um die Familie durchzubringen, und auch dies ist eine frühe Kindheitserinnerung, die ihn prägte: „Ich habe die Badegäste gehaßt, richtig gehaßt. Wenn die im Sommer nach Westerland kamen, mußten wir alle in der Scheune schlafen und in der Waschküche frühstücken."

Natürlich haßt der stellvertretende Filialleiter der Commerzbank die Kurgäste heute nicht mehr, vor allem nicht die, mit denen er in der Bank zu tun hat. Aber Abneigung, ja fast Abscheu, ist geblieben, und das Wort „Badegäste", das ja die echten Sylter alle benutzen, wenn sie von den Fremden reden, hat einen giftigen, aber gleichzeitig auch resignierten Beiklang: Man mag sie nicht so recht, aber man muß doch freundlich sein, denn ohne sie wären die Sylter wieder so arm wie Günter Zachariasens Mutter oder Großmutter. Aber wenn da einer in seine Bank hereinkommt und angibt, als habe er eine Schokoladenfabrik in Castrop-Rauxel, obwohl er doch nur im Lager von Wanne-Eickel die Pralinen verpackt, wenn da einer reinkommt und laut erklärt, er sei bei der Commerzbank in seinem Heimatort ein ganz hervorragender Kunde, dann verrichtet Günter Zachariasen zwar lächelnd seinen Dienst am Kunden, aber zum Lächeln muß er sich ganz schön zwingen. Auf Sylt nennt man das Saison-Grinsen.

Seine Westerländer Armut hat er nicht vergessen, die zehrt noch heute an ihm: „Ich weiß noch, daß ich als Kind oft davon träumte, meiner Mutter ein weinrotes Samtkleid zu schenken. Das hat sie sich gewünscht und nie kaufen können. Und ich habe mir nichts für mich gewünscht, ein Spielzeug oder ein Buch, sondern nur das Kleid für die Mutter. Aber Geld habe ich nie dafür gehabt."

Die Dünenpflanzerinnen von Sylt gehörten immer zu den Ärmsten. Sie setzten Strandhafer in den Sand, damit die Dünen Halt bekamen. Auch Günter Zachariasens Großmutter mußte mit dieser harten Arbeit ihre Kinder durchbringen

Gelesen hat Günter Zachariasen die Bibel, ein anderes Buch gab es im Haus nicht. Die allerdings hat er verschlungen und vieles behalten davon bis heute. Vor allem, wenn es um Unrecht geht irgendwo auf der Welt oder vor seiner Haustür und wenn da, im Bibelsinne des armen B.B., nur Verzweiflung ist und keine Empörung. Er war als Kind so schwierig wie heute als Mann, und Menschen haben ihn immer weniger interessiert als das, was sie taten. Selbst bei den Spielen der Westerländer Jungs. Wenn es zur Lattenschlacht mit den Tinnumern in der Tinnumburg ging, wollten sie ihn nicht mitnehmen, weil er so klein und schwächlich war. Aber irgendein Großer und Starker hat dann gesagt, der Günter kommt mit, und wehe, wenn dem einer was tut. Das hat Günter Zachariasen nicht vergessen.

Groß und stark ist er heute selbst, ein Riese fast. Er hat sich noch nicht frei gewachsen, aber freier schon. Und Fortschritt ist für ihn immer nur die Kunst des gerade Möglichen gewesen. Gemalt hat er schon auf der Schule, Skizzen mit Bleistift natürlich, mehr war nicht drin. Vom ersten Lehrlingsgehalt hat er sich Ölfarben gekauft und sich dann sein Tagebuch der täglichen Frustrationen von der Seele gemalt. Fast. Wenn das nicht reichte, ist er in die Dünen gegangen und hat gegen das Meer angeschrien. Gegen einen Stärkeren eben.

Günter Zachariasen hat vor allem auf seinen Paddeltouren nach Hörnum gemalt, wenn er sich treiben ließ, „alles, was ich so sah. Also Dünen und Himmel und Meer und Fischerboote im Hafen. Genau das, was diesem Professor aus Kiel dann zehn, fünfzehn Jahre später an meinen Bildern fehlte. Ich war ein richtiger Sylter Maler". Heute ist er ein Maler, der auf Sylt geboren ist, der in Westerland arbeitet, aber ganz woanders malt. Vor sechs Jahren hat er sich sein eigenes Sylt gekauft, weil ihm das echte zu voll geworden war: einen Bauernhof auf dem Festland, in Klanxbüll. Von dort fährt er fünf Tage in der Woche um 7.06 Uhr mit dem Zug nach Westerland, geht zur Bank und fährt abends zurück, um zu malen. An Wochenenden malt er oft zwölf Stunden durch. Sylt, meint er, kann man nicht mehr malen, allenfalls aus der Erinnerung.

Seine Sehnsucht, von der Malerei leben zu können, bricht sich immer wieder an der Realität, fürs Leben und eben fürs Malen Geld verdienen zu müssen in jenem Beruf, von dem er nicht gern spricht: „Als ich 22 war, bin ich mal geflohen von Sylt. Ich habe mir eine Großstadt ausgesucht, die weit genug, aber wiederum nicht zu weit weg war: Hannover. Dort habe ich zwei Jahre wieder bei der Sparkasse gearbeitet, aber endlich Kontakt zu jungen Graphikern und Malern gefunden. Da habe ich viel von der Technik des Malens gelernt, die ich als Autodidakt natürlich nicht beherrschte."

Er ist oft von Hannover nach Sylt gefahren in diesen zwei Jahren. In seinem Zimmer hatte er sich an die Wand eine Liste gemacht und jeden Tag abgestrichen, der ihn noch von seiner Insel, von Westerland, trennte. Wie so viele Insulaner glaubt er heute noch, daß die Luft so etwa ab Husum besser schmeckt und daß man ab dort die Fenster im Zugabteil öffnen kann.

1962, da war er 25, hat er gelesen, daß die Commerzbank in Westerland eine neue Filiale eröffne, weil die jährlichen Zuwachsraten von Kurgästen ein gutes Geschäft versprachen, und da hat er sich gleich beworben – endlich zurück nach Sylt. Im Garten seines Elternhauses, das inzwischen von Westerland schon eingeholt worden war, hat er sich ein Atelier zusammengebaut.

Als sein Atelier fertig war, begann er wieder zu malen, so sieben Bilder pro Jahr (heute sind es um die 50). Und wieder interessierten ihn nicht die Menschen, mit denen er leben mußte, ihn interessierte die Natur, die er anfassen konnte und die ihn nachts in ihren Dünen gnädig aufnahm, wenn er wieder mal verzweifelt war.

Schließlich hat er sich dann doch in eine Beziehung geflüchtet, eine um einige Jahre ältere Frau geheiratet, von der er heute getrennt lebt. Was um ihn herum vorging in Westerland, der Bauboom und die Zerstörung der Natur, berührte ihn wenig. Er ist, wie viele andere Sylter, erst spät aufgewacht und auch dann nur langsam: „Plötzlich war da kein Kornfeld mehr hinter meinem Atelier, sondern eine Baugrube. Plötzlich hörte ich nachts nicht mehr die Brandung, sondern Autolärm. Plötzlich stand da ein Haus, wo ich früher einen freien Blick auf die Dünen hatte."

Die Friesen haben einen Wahlspruch: Behalte, was du hast, du weißt nicht, was du wiederkriegst. Den weisen Spruch hatten die Sylter verdrängt und ihre Heimat fröhlich an fremde Baulöwen verhökert. Eigentlich hätte es der Bankmanager an den wachsenden Konten merken müssen, aber er war zu lange mit sich selbst beschäftigt und mit seinen Bildern. Es dauerte lange, bis er zu der Erkenntnis kam: „Wenn man Seebäder wie Scheveningen oder Knokke oder Ostende sieht, dann kann man sich leicht vorstellen, was uns in Westerland noch bevorsteht."

Als ihm die Insel zu eng wurde, als ihn Westerland zu erdrücken drohte, ist er nach Klanxbüll auf seinen Hof gezogen. Den Kaufpreis von 40 000 Mark stottert er ab, die Einrichtung beschränkt sich aufs Nötigste: ein Bett, zwei Stühle, ein Tisch, eine Kommode, ein Schrank. Da bleibt viel Platz zum Malen: „Wenn ich von der Bank zurückkomme auf meine eigene Insel, dann kann ich malen. Hier habe ich die Weite, die es auf Sylt nicht mehr gibt . . ."

Das Geld, das er für seine Bilder bekam, legte er in seinem Haus an. Eine erste Vernissage im Café Witthüs zu Wenningstedt hat was gebracht und die große Ausstellung in der Westerländer Spielbank gar 5000 Mark. Da aber hat Günter Zachariasen auch gemerkt, was es heißt, als Maler zu leben: „Für die 5000 Mark gingen damals sieben Bilder weg, und das war meine gesamte Jahresproduktion. Also hätte ich theoretisch von diesen 5000 Mark ein ganzes Jahr leben müssen." So ist er nach diesem ersten Erfolg weiter täglich zur Bank gegangen. Andere Ausstellungen in München, in Mainz, in Dänemark folgten, und seine Bilder wurden anders, als er sich von Westerland befreit hatte. Aus Wolkenbildern wurden abstrakte Kompositionen. Einfache Gegenstände des täglichen Lebens waren auf diesen Bildern zu sehen, die langsam wie verlorene Träume verwehten. „Alles Rhythmische regt mich an, setzt Schwingungen frei, bringt Wellen in Bewegung. Darum liebe und suche ich jetzt persische Miniaturen, Arabesken."

Nun träumt Günter Zachariasen da draußen in Klanxbüll seinen Jugendtraum von der Autarkie, zieht Obst und Gemüse, das er zum täglichen Leben braucht, und bereitet, systematisch wie ein Bankmensch nun mal ist, den Absprung ins unbürgerliche Leben vor. Daß seine Nachbarn, Bauern, ihn besuchen und ihm sogar mal ein Bild abkaufen („In Westerland war nie jemand in meinem Atelier"), weiß er zu schätzen. Heute ja. „So ganz allein wie früher könnte ich nicht mehr existieren. Ich brauche jetzt doch Menschen, ich brauche Kommunikation. Mein Traum ist eine Gemeinschaft von Malern, Handwerkern, von Künstlern, die miteinander leben, aber alle in ihrer Arbeit allein sein können."

Westerland indes, wo er aufgewachsen ist, wo er arm gewesen ist, wo er von seiner Familie verspottet wurde, als er zu malen anfing, Westerland läßt ihn nicht los und Sylt schon gar nicht.

Wenn er sagt: „Ich habe mir aber hier draußen eine eigene Insel gebaut", sagt er das trotzig, wie ein enttäuschter Liebhaber, und glaubt das auch noch selbst.

Aber wer ihn und seine Bilder kennt, weiß es besser. Sylt wird ihn nie loslassen und schließlich: Sylt besteht ja nicht nur aus dem geschundenen Westerland.

Im Hafen von Munkmarsch landeten bis zum Bau des Hindenburgdammes 1927 die Kurgäste, die nach Sylt wollten. D

nselbahn brachte sie dann über die Heide nach Westerland

Postkarten aus der Kaiserzeit

gs-Station der Sylter Dünenbahn
nach List.

Westerland-Sylt
Friedrichstrasse
SYLT

e im Familienbad.

Westerland um die Jahrhundertwende. Das größte Hotel war immerhin schon drei Stockwerke hoch

Westerland 1978. Hochhausbauten und Apartmenthäuser prägen heute das Gesicht des Seebades. Die Kurgäste am Stran

'nd's zufrieden. Sie kommen jedenfalls in Scharen

An Sommertagen reicht die Schlange der Autos von Wenningstedt bis Westerland. Bis zu 35 000 Fahrzeuge verpesten die Lu

uf der Insel

Der größte „Kurgastsilo" von Westerland ist 100 Meter vom Strand entfernt. Die Apartments sind in jeder Saison ausgebuch

Volksfest in der Westerländer Fußgängerzone: Die Ringreiter ziehen ein. Die Geschäftsstraße gehört zum teuersten Pflaste

'in kleiner Laden kostet dort im Monat 3000 Mark Miete

Sandburg mit Heimatadresse in Muschelschrift vor den Beton-Tetrapoden von Westerland

SEN
RBURG

Die Autozüge fahren im Winter, wenn Eisstücke in der Brandung dümpeln, halbleer über den Hindenburgdamm. Im Somm

ringen 16 Züge täglich mitunter 4000 Autos übers Watt nach Westerland

Wie die Badegäste die Insel eroberten und wo sie ihnen trotzte

Hörnum
Der Lehrer von Rantum
Die Kleinen: Archsum, Morsum, Tinnum, Munkmarsch
Keitum, Dorf der Kapitäne
Wenningstedt
Kampen
Karlchen
List
Die Bundeswehr
Die Tochter des Königsbauern

Hörnum, das südlichste Dorf auf der Insel, entstand nach dem Untergang von Eidum, das 1436 der Allerheiligenflut zum Opfer fiel. Die Obdachlosen und Überlebenden von Eidum–nördlich von Eidum, benannt nach dem germanischen Meeresgott Eigir, entstand später Westerland – zogen auf der Insel weiter, um in den höher gelegenen Dünen an der Südspitze eine neue Existenz aufzubauen. Im Kressenjakobstal siedelten sich Fischer an, die vom Hafen Budersand aus mit ihren Heringsfängern Richtung Helgoland segelten. Aber auch mit der Fischerei war es vorbei, als 1607 fast die gesamte Heringsflotte von Hörnum unterging. Die wenigen überlebenden Bewohner der Siedlung wurden Strand- und Seeräuber. In den Sanddünen fanden sie sichere Verstecke, dort lauerten sie auch auf Schiffe, die von Stürmen an die Küste geworfen wurden. Besonders die Männer von Amrum, das bis 1634 mit Sylt verbunden war, taten sich als Strandräuber hervor.

Kein Wunder also, daß Hörnum in den Sylter Chroniken meist schamhaft verschwiegen wird. Neben den armseligen Hütten der Strandräuber werden bis 1795 nur zwei Schutzhütten für Schiffsbrüchige gebaut, auf Anordnung der Strandvögte Nils Thaken und Broder Hansen Decker. Sandflug, Sanddünen und immer wieder neue Sturmfluten machen es für andere Sylter wenig reizvoll, ausgerechnet in Hörnum zu wohnen.

Erst Ende des letzten Jahrhunderts beginnt so etwas wie normales Leben in Hörnum. Die Hamburg-Amerika-Linie, die Hapag läßt 1900 einen Hafen mit einer stählernen Anlegebrücke bauen; hier kommen die Kurgäste an, die direkt von Hamburg mit dem Schiff nach Sylt reisen. Die Reederei läßt 1901 auch einen Schienenstrang nach Westerland legen, damit die Badegäste bequemer reisen können. Als einziges Haus steht am Hörnumer Hafen die Station der Inselbahn samt einem dazugehörenden Restaurant für Tagesausflügler, deren Schiff bis zur nächsten Flut im Hafen liegt. 1905 werden zwei Blockhäuser gebaut, 1907 wird der Leuchtturm in Betrieb genommen. Die Einwohnerzahl erhöht sich mit dem Leuchtturmwärter und dessen Familie auf sieben. Dabei bleibt es fast 20 Jahre lang, bis wiederum die Hapag ein Erholungsheim für Angestellte baut. Hörnum ist eigentlich nur ein Name auf der Landkarte, es könnte auch Hapag heißen, und von einem Dorf kann man noch nicht sprechen.

Erst ab 1935, mit dem Bau des Fliegerhorstes, dessen Kasernen noch heute den Ort verschandeln, wächst Hörnum zu einem Dorf heran. Langsam steigt die Einwohnerzahl; heute leben 1481 Sylter in Hörnum. Die Straße nach Westerland führt durch die Dünenlandschaft. Sie überragt den 27 Meter hohen Budersandberg und geht als „Straße der Höflichkeit" in die Sylter Geschichte ein: Die Straße war einspurig, und entgegenkommende Fahrzeuge mußten auf Ausweichplätzen den Gegenverkehr abwarten, was zu höflichem Nicken des anderen Fahrers führte. 1970 ist es vorbei mit der Höflichkeit, dafür gibt es nun eine zweispurige Straße.

Denn inzwischen ist auch Hörnum zu einem respektablen Kurort herangewachsen, hat sich sogar ein grellfarbenes, quaderhaftes „Haus des Kurgastes" gegönnt, ist aber sonst in jeder Beziehung bescheiden geblieben. Weder schicke Restaurants noch teure Ferienhäuser gehören zum Kurangebot; dafür eine Jugendherberge, Jugenderholungsheime und einige Sanatorien für gestreßte Arbeiter aus dem Kohlenpott, unterhalten von der Caritas und den Gewerkschaften. Hörnum ist das Sylt-Bad für den oft zitierten kleinen Mann. Dem Ort droht keine Gefahr von Baulöwen, eher wie früher durch Sturmfluten. Von der Inselspitze brach 1976 der blanke Hans ein Stück ab und trieb einen Priel zwischen Südspitze und Rest-Sylt. Einige Häuser und ein Café mußten wegen Einsturzgefahr abgerissen werden. Die Wellen hatten sie unterspült.

Hörnum hat, weil es noch nicht als Kurbetrieb durchorganisiert ist, einen ursprünglichen Reiz bewahrt und ist im Winter, während anderswo auf der Insel Saisonverlängerung geprobt wird, so tot wie zur Zeit der Strandräuber. Der Hafen ist baufällig geworden. Es legen zwar noch Ausflugsschiffe aus Helgoland oder Hamburg an, doch hauptsächlich Butterschiffe und Hochseeyachten. Der schöne alte Leuchtturm, vom Festland elektrisch geschaltet, darf leider nur von außen besichtigt werden.

Der Lehrer von Rantum

Der Untergang des Dorfes Rantum, sechs Kilometer südlich von Westerland und an der schmalsten Stelle Sylts gelegen, schien vielen nur eine Frage der Zeit zu sein. Zweimal war es vom Meer überrollt worden, einmal von Sanddünen erstickt. Dennoch war Boy Kaiser, der Sohn eines Kaufmanns aus Morsum, eher glücklich, als er in Rantum als Lehrer angestellt wurde. Denn in den frühen zwanziger Jahren erging es den Lehrern ähnlich wie heute: Kaum hatten sie ihre Ausbildung abgeschlossen, waren sie auch schon arbeitslos.

Boy Kaiser kannte den schlechten Ruf Rantums. Im 17. Jahrhundert berühmt wegen seiner guten Seefahrer und Walfänger wie Lorens de Hahn, war es im Lauf der letzten 120 Jahre zum Dorf der armen Sylter und zum Dorf der Strandräuber geworden. Wer in Rantum leben mußte, galt den anderen Syltern als Mensch ohne Zukunft. Aber Boy Kaiser trat seinen Posten am 1. Mai 1924 frohen Muts an. Fünf Kindern sollte er das Abc beibringen, und das war ihm jede Mühe wert. Natürlich in einer einklassigen, nur zehn Quadratmeter großen Schule – ohne Strom übrigens, den gab es in Rantum erst ab 1929, und auch ohne fließendes Wasser. Immerhin wurde dem jungen Lehrer und seiner Frau eine Dienstwohnung ge-

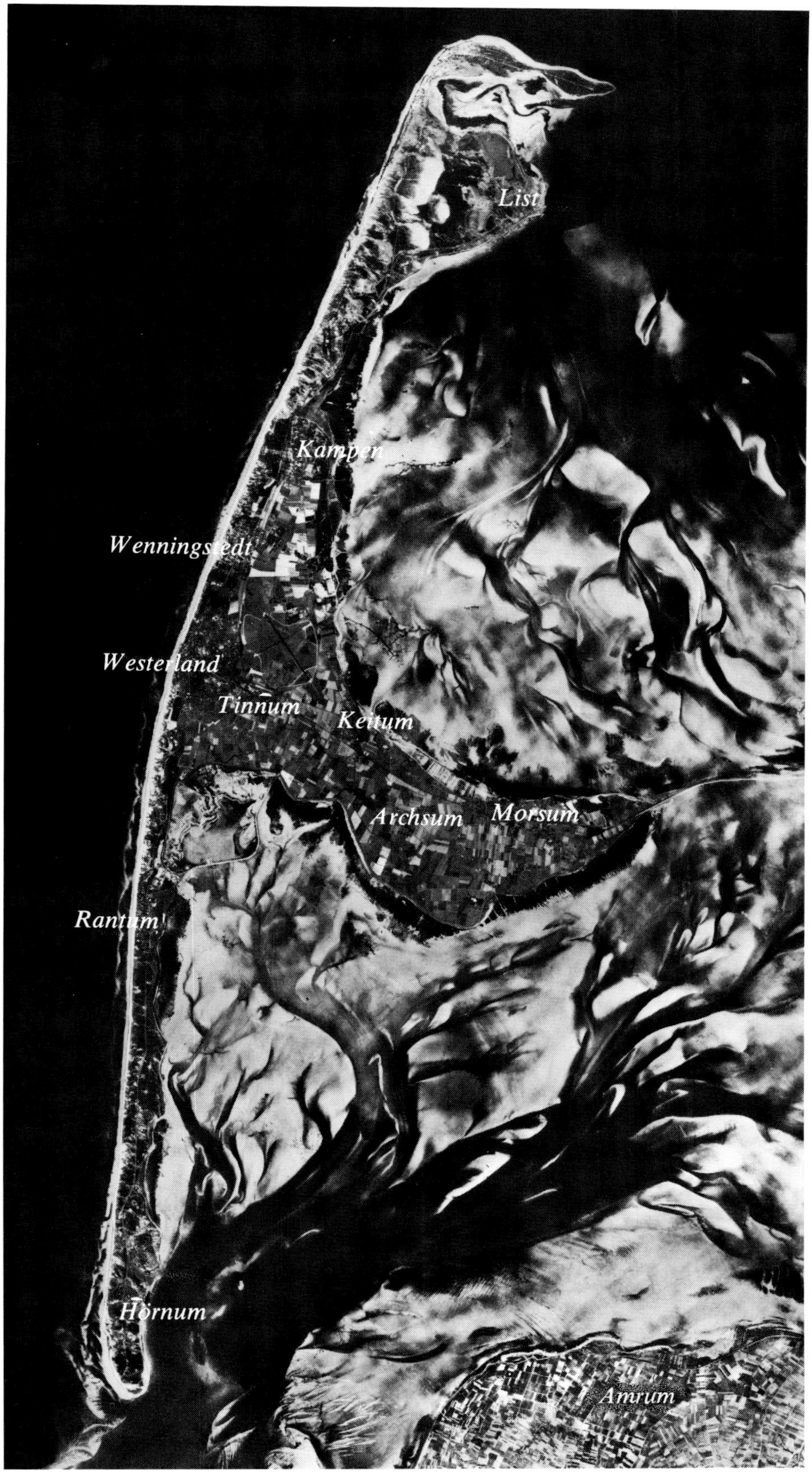

*Sylt von oben.
Deutlich sind im Wattenmeer vor der Ostküste Sandbänke und Priele zu erkennen, deutlich auch die langgestreckte Form der Insel mit der fruchtbaren Marsch Richtung Archsum-Morsum-Hindenburgdamm.
Unten, im Süden, liegt Hörnum, nach einer drei Kilometer langen, unübersichtlichen Dünenlandschaft folgen Rantum mit dem Rantumer Becken, das dichtbesiedelte Westerland und anschließend Wenningstedt.
Dann Kampen und ganz oben im Norden List mit dem berühmten Ellenbogen.
Rechts – also im Osten an Westerland anschließend – Tinnum, dann an der Wattseite Keitum und auf dem östlichen Zipfel der Insel Archsum und Morsum mit dem Morsum-Kliff.
Unten rechts die benachbarte Insel Amrum*

boten, die ebenfalls im alten Schulhaus lag. Boy Kaiser war's zufrieden. Er war endlich am Ziel seiner Wünsche und konnte seinen Beruf ausüben.

Boy Kaiser ist heute 76 Jahre alt. An seiner Schule, die wie alle Häuser Rantums auf der vor Sturmfluten sicheren Wattseite liegt, hat er 43 lange Jahre unterrichtet. Nach seiner Pensionierung 1967 ist die Schule auch sofort aufgelöst worden, denn in Westerland, mit der Inselbahn leicht erreichbar, gab es inzwischen genügend Schulen. Boy Kaiser kennt fast alle Rantumer, die heute etwas zu sagen haben, von Kindheit an. Er hat hier zwei Generationen mit seiner ganzen Schulweisheit vertraut gemacht, und da bleibt schon manche Erinnerung hängen: „Die einklassige Schule war so schlecht nicht, wie man sie heute gern macht. Diejenigen meiner Schüler, und das waren nicht eben wenige, die beim Unterricht nicht mitkamen, konnten bei den Jüngeren wieder mithören und das Versäumte nachholen. Die besseren Schüler wiederum hörten beim Unterricht der höheren Jahrgänge mit und schliefen schon deshalb nicht ein. Wenn allerdings einer partout keine Begabung fürs Rechnen hatte, dann habe ich ihn halt gelassen. Wozu sollte man so einen jungen Menschen denn verärgern, geworden im Leben ist doch jeder was. Und gerade der, an den ich jetzt denke, fährt heute als Kapitän auf einem Küstenmotorschiff. Er muß also zumindest was von Nautik verstehen, und das hat ja nun wirklich was mit Rechnen zu tun."

Als Boy Kaiser vor nunmehr über 50 Jahren nach Rantum kam, kannte er als aufgeweckter Schüler und Seminarist natürlich auch die Werke des Sylter Chronisten C. P. Hansen. Dieser hat vom einstigen Rantumer Lehrer Lorenz Clas Thomsen eine Geschichte überliefert und in seiner „Sylt"-Chronik veröffentlicht:

„Seit ich mich in Rantum aufhalte, bin ich schrecklich geplagt von Flöhen. Ich habe mir deshalb einen flohdichten Sack gemacht, in welchen ich krieche, sobald es Nacht wird. Eines Abends bei stürmischer Witterung im Februar 1825 hatte ich mich wie sonst in meinen Sack und zu Bette begeben und war ruhig eingeschlafen. Um Mitternacht wachte ich wieder auf, es stürmte draußen entsetzlich. Mein Hund heulte und sprang zu mir ins Bett. In meiner Stube entstand ein Plätschern und Strömen wie von eindringendem Wasser in einem leck gewordenen Schiff. Ich langte mit dem einen Arm aus dem Sack und aus dem Bette hinaus, um auf der Diele meiner Stube zu untersuchen, was sich eigentlich begeben hatte, und ich steckte den Arm bis an den Ellenbogen in eiskaltes Wasser. Die Flut war in meine Hütte gedrungen, während ich geschlafen hatte."

In dieser Nacht sind fast alle Häuser Rantums zerstört worden und viele Menschen ertrunken. Nur sieben Häuser blieben stehen, aber auch die waren bedroht – vom Sandflug. „Diese Schule", sagt Boy Kaiser, „muß nordwestlich vom heutigen Seeheim am Watt gelegen haben. Nach einer Sturmflut, ich glaube der von 1962, habe

Boy Kaiser hißt vor seinem Haus an der Wattseite von Rantum die Sylter Flagge mit dem silbernen Hering, auf dänisch „sild", woraus der Name der Insel abgeleitet sein soll. Die Inschrift in der Flagge lautet: Rüüm haart, klaar kimming – reines Herz, klarer Horizont

ich mal an dieser Stelle eine Geestinsel entdeckt mit Mauerresten. Aber bei der nächsten normalen Flut war alles wieder weg."

Als Boy Kaiser anfing, hatte er es besser als seine Kollegen von früher. Deren Schule war noch auf einer Düne erbaut worden, und im Frühling sickerte so viel Wasser aus der Düne, daß der Klassenraum überschwemmt wurde und alles knöcheltief unter Wasser stand. Kaisers Schulhaus lag schon günstiger. Überschwemmungen konnte es nicht mehr geben. Mit den fünf Kindern seiner ersten Klasse war er auch so vollauf beschäftigt: „Gerade, weil es so wenige waren, konnte ich mich intensiv um jeden einzelnen kümmern und bei Schwierigkeiten gezielt fördern." Wobei seine Klasse noch lange nicht die kleinste auf Sylt war. Die beiden einzigen schulpflichtigen Kinder von Hörnum, Sohn und Tochter des Leuchtturmwärters, wurden von einem „anreisenden" Lehrer in einer kleinen Stube im Leuchtturm aufs Leben vorbereitet, zweimal in der Woche. Und auch aus denen ist was geworden.

Daß die Rantumer, denen der nächste Untergang so häufig prophezeit worden war, doch an ihre Zukunft glaubten, konnte Lehrer Boy Kaiser daran feststellen, daß im Laufe der Jahre aus seinen fünf Schülern neun wurden. Und auch das Ansehen des Schulmeisters stieg. Bei den Gemeinderatssitzungen, die mit den Hörnumern gemeinsam abgehalten wurden, weil die nötige Einwohnerzahl für die Wahl eines eigenen Gemeinderats nicht reichte (bis 1929 hatten beide Dörfer zusammen noch keine 50 Stimmberechtigten), war sein Rat gefragt. Nicht nur, weil er fehlerfreie Briefe an Kreisverwaltungen schreiben konnte. Nein, der Kaiser konnte Friesisch, aber auch richtiges Deutsch. Das war schon was für die Friesen. In der Schule hat er natürlich friesisch unterrichtet, sonst hätten seine Schüler kein Wort verstanden.

Großbauer Bernhard Nissen war fünfundzwanzig Jahre lang Bürgermeister von Rantum

Boy Kaiser begriff bald, daß Rantum sein Schicksal sein werde, um es mal ein bißchen pathetisch auszudrücken: „Nach zwei Jahren hier hatte ich die Chance, versetzt zu werden. Aber da war sogar meine Frau dafür, hierzubleiben, und ich wollte ja sowieso; denn daß diese Kinder mich brauchten, konnte ich ja täglich erleben."

Rantum, das Winzig-Dorf, wurde größer, wie auch das benachbarte Hörnum, als in den dreißiger Jahren nach Hitlers Machtübernahme Kasernen gebaut wurden und wieder mal Soldaten nach Sylt kamen, um allzeit bereit zu sein. Im heutigen Naturschutzgebiet Rantumer Becken wurde ein Landeplatz für Seeflieger angelegt, und die unmittelbar von der Garnison abhängigen Einwohner Rantums waren's auch zufrieden, weil sie sich eine Existenz aufbauen konnten. Aber da gab es ein Problem . . .

Bis dahin nämlich hatte es in Rantum noch keinen einzigen Nazi gegeben. Und das konnte jetzt unangenehm werden. Denn wenn die Rantumer nicht Gefahr laufen wollten, einen Parteibonzen aus Westerland als Bürgermeister zu bekommen, mußte sich wenigstens einer von ihnen schleunigst braun einfärben lassen. Aber wer? Boy Kaiser wollte ums Verrecken nicht, denn „die Kerle hatten ein paar meiner Kollegen in Westerland abgesägt, also wollte ich mit den Nazis nichts zu tun haben". Außerdem war sein Bruder in Morsum schon Ortsgruppenleiter geworden, und das schien ihm genug Partei zu sein für eine Familie. Aber was tun? Da blieb nur noch unten in der alten Strandvogtei der Großbauer Bernhard Nissen, dem das Dünengebiet bis Puan Klent gehörte. Zu dem ging Kaiser:

„Bernhard, willst du, daß einer aus Westerland hier bei uns Bürgermeister wird?"

„Nee."

„Dann muß einer von uns in die Partei, sonst kommt so ein Bonze aus Westerland."

„Meinst du?"

„Sicher. Hör mal zu, du trittst morgen in die Partei ein, und wir wählen dich dann zum Bürgermeister."

„Warum machst du das nicht? Ich bin doch nur ein Bauer, und du bist Lehrer. . ."

„Aber ich bin kein Rantumer, Bernhard. Du mußt es tun, für unser Dorf. Du gehst in die Partei, du wirst Bürgermeister. Ich helf' dir auch dabei. Abgemacht?"

„Hmmm."

So ungefähr lief das Gespräch, natürlich auf friesisch. Und alles weitere lief auch nach Plan ab: Bernhard Nissen trat in die Partei ein und wurde Bürgermeister von Rantum. Das ist er dann, unterbrochen von der Besatzungszeit nach dem Zweiten Weltkrieg, auch bis 1959 geblieben, immer mit Boy Kaiser an der Seite, der ihm die komplizierten Dinge abnahm und sich mit den Behörden auf dem Festland oder in Westerland herumschlug.

Und als Bernhard Nissen dann 1959 starb, wurde über einen Nachfolger nicht lange diskutiert. Es kam nur einer in Frage: Boy Kaiser, der Lehrer. Der hat es dann auch 15 Jahre lang gemacht, aber seit 1974 sitzt er nur noch im Gemeinderat: „Müssen auch mal Junge ran." Er paßt aber gut auf, daß Rantum nichts Böses widerfährt. Ein „Haus des Kurgastes" zum Beispiel wie in Hörnum oder ähnlicher Unsinn, der das dörfliche Erscheinungsbild zerstören könnte. „Wir haben wie Kampen und Keitum auch eine strenge Bauordnung. Muß man sich doch nur Westerland anschauen, um zu sehen, was ohne Bauordnung passiert, obwohl auch wir Fehler gemacht haben."

Auch den Kurbetrieb hat Boy Kaiser organisiert. Daß heute über 30 000 Badegäste pro Saison nach Rantum kommen, ist unter anderem sein Verdienst. Mit Sylt-Ost hat er einen vernünftigen Vertrag ausgehandelt: „Dieser Vertrag besagt, daß die Kurgäste aus Tinnum, Keitum, Archsum und Morsum bei uns baden dürfen und an unserem Strand mit ihren Kurkarten Zutritt haben. Dafür zahlen die vier Gemeinden jährlich eine pauschale Summe an uns." Den Rantumern sind die aus dem Osten allemal lieber als die aus dem Westen: „Wenn wir den Vertrag nicht geschlossen hätten, dann wäre unser Strand doch von Westerland aus überlaufen worden. Die wissen doch jetzt schon nicht mehr, wo sie ihren Kurgästen einen Strand bieten sollen."

Die Arbeit für die Gemeinde war ehrenamtlich. Boy Kaiser hatte sein Gehalt als Lehrer und sonst nichts. Was ihn nie gestört hat: „Wir waren doch alle aufeinander angewiesen. In Hörnum standen fünf Häuser, als ich hierher kam, und bei uns sieben, außer der Schule natürlich. Ich bin oft abends zum Skatspielen nach Hörnum gegangen und in der Nacht zu Fuß wieder zurück. Gab ja keine Straße oder so was. Die Inselbahn, die dann von Hörnum über Rantum nach Westerland führte, fuhr im Winter auch nicht. Da kam nur

Die „rasende Emma" rast nicht mehr. Bevor vor ein paar Jahren Busse eingesetzt wurden, dampfte die Bahn zwischen Hörnum, Westerland und List über die Insel. Höchstgeschwindigkeit: 40 Stundenkilometer

ab und zu, wenn die Schienen nicht von Sand oder Schnee verweht waren, der Bahnhofsvorsteher von Hörnum auf seiner Draisine, holte hier die ab, die unbedingt mal wieder nach Westerland zum Einkaufen mußten, und brachte nach dem Einkauf auch alle wieder zurück. Da lagen dann zur Weihnachtszeit Tannenbäume auf der Draisine und Schweinshälften und viele Pakete, und die Leute, die mitfuhren, waren auch ganz fröhlich. Hatten natürlich in Westerland Bekannte getroffen und es nicht bei einem Punsch belassen. Auf der Inselbahn hatten wir freie Fahrt, weil die Schienen durch Rantumer Land verlegt waren. Dieses Vorrecht wurde erst nach dem Kasernenbau aufgehoben, sonst wären zu viele kostenlos mitgefahren." 1970 wurde die Inselbahn von Sylt eingemottet. Seitdem fahren Busse nach Westerland, und die nehmen seit Boy Kaisers Pensionierung auch die Kinder dorthin mit zur Schule.

In den Jahren, als auf Sylt die Kuhställe zu Apartments umgebaut wurden, als Heerscharen von Erholungssuchenden über Dünen und Heide trampelten, engagierte sich Kaiser für den Naturschutz. Er ist seit zwölf Jahren, wieder mal ehrenamtlich, Naturschutzbeauftragter für das Gebiet von Rantum und Hörnum – ohne Vetorecht bei neuen Bauvorhaben, aber mit beratender Stimme. Im Jahresbericht 1977 des „Söl'ring Foriining", des Sylter „Vereins zur Erhaltung und zum Schutze von Küste, Landschaft und Volkstum", hat Boy Kaiser schwarz gemalt: „Bekommt man die Bauvorgänge nicht in den Griff oder wird aus Profitgier einzelner die Einsicht getrübt, dann geht die Attraktivität der Insel unweigerlich verloren. Der Strand wird übervölkert, die Dünen mit ihrer empfindlichen Vegetation werden zerstört, die zahlreichen Autos sind nicht mehr erträglich, der Fremdenverkehrsraum wird laufend eingeengt und der Erholungswert geringer. Selbst landschaftspflegerische Maßnahmen werden der fortschreitenden Zerstörung nicht mehr Herr, die Gäste werden bessere, naturnahe Gebiete zu ihrer Erholung aufsuchen. Der Süden lockt."

Auch Boy Kaiser. Er vermietet während der Saison seine kleine Wohnung in seinem Rantumer Haus und fährt in die Alpen. Vor seinem Haus aber flattert den ganzen Sommer über am Mast die friesische Flagge mit der Inschrift: Rüüm haart, klaar kimming. Reines Herz, klarer Horizont.

Die Kleinen von Sylt

Archsum, das Bauerndorf im Osten der Insel, gehört zu den wenigen Orten Sylts, in denen sich altfriesisches Brauchtum erhalten hat. Zwar hat auch Archsum an die Sylter Neuzeit Tribut zahlen müssen und sich mit 200 Gästebetten als Luftkurort etabliert, aber was blieb den Bewohnern auch schon übrig, als die alten Berufe Bauer und Seefahrer auf Sylt auszusterben begannen? Außer der

Für einen Turm hat es nicht mehr gereicht, als die Insulaner im 12. Jahrhundert die St. Martin-Kirche von Morsum errichteten. Das älteste Bauwerk Sylts steht mitten auf dem Feld

weiten und friedlich anmutenden Landschaft mit friesischen Höfen auf satten grünen Marschwiesen gibt es in und um Archsum herum nichts, was unter dem Stichwort „Sehenswürdigkeiten" abzuheften wäre. Immerhin: Selbst im kleinen Archsum ernährt inzwischen zur Sommerszeit eine Galerie ihre Besitzer.

Wie Archsum ist auch das östlichste Dorf Sylts, Morsum, früher ein Dorf der Bauern und Seefahrer gewesen. Es ist, von den eingewanderten Friesen wegen seines saftigen Bodens ausgewählt, eine der ältesten Siedlungen Sylts. Erste Erwähnungen in Chroniken findet Morsum 1440; da aber die Kirche St. Martin schon im 12. Jahrhundert erbaut wurde, dürfte Morsum älter sein. Die St. Martin-Kirche steht wie ein Urgestein ohne Turm auf einem Feld und ist das älteste kirchliche Bauwerk auf Sylt. Morsums frühe Blüte mit 140 Häusern – es war damals der größte Ort der Insel – hielt bis 1710 vor. Dann wuchs das Kapitänsdorf Keitum zum Mittelpunkt der Insel heran, und später wiederum löste Westerland Keitum ab. An den Fremdenverkehr schienen Morsum wie Archsum den Anschluß verpaßt zu haben, weil beide Orte zu weit vom begehrten Strand entfernt lagen. Schließlich machte Morsum aus der Not eine Tugend und ernannte sich 1959 zum Luftkurort, was auch das Recht, Kurtaxe zu erheben, einschließt. Heute ist Morsum als Teil der Großgemeinde Sylt-Ost fast hundertprozentig vom Fremdenverkehr abhängig.

Außerhalb Morsums liegt das berühmte Morsum-Kliff, seit 1923 Naturschutzgebiet. Nachdem die Touristen jahrzehntelang durch die Morsum-Heide getrampelt sind, die Dünentäler als Picknickplätze benutzt und sich am Kliff kleine Stücke als Souvenir abgebrochen haben, wird das fast 43 Hektar große Gelände jetzt vom „Naturschutzverein Sylt/Nordfriesland" wirksam gehegt. Die alten

Trampelpfade, in denen die Heide schon zerstört war und der Wind mit dem freiliegenden Geestboden leichtes Spiel hatte, sind heute gesperrt. Der Bau eines Hotels direkt am Naturschutzgebiet Nösse ist dank der Pleite des Bauherrn verhindert worden. Die Naturschützer hoffen jetzt, an gleicher Stelle eine Beobachtungsstation einrichten zu können. Bei der Sturmflut im Januar 1976 holte sich das hier ansonsten ruhige Wattenmeer, aufgepeitscht von einem scharfen Orkan, 15 Meter am ohnehin schon brüchigen Kliff, das mit einem Neigungswinkel von fast 40 Grad Wind und Wellen geradezu ideale Angriffsflächen bietet. Die einzelnen Erdschichten am Morsum-Kliff lassen sich betrachten wie die Muster in einem aufgeschlagenen Tapetenbuch: Glimmerton, Kaolinsand, Limonitsandstein, Quarz und Ton. Geologen gliedern das Morsum-Kliff, einen der Hauptanziehungspunkte Sylts, in fünf sogenannte Schuppen. Die älteste dieser Schuppen ist die erste, also Glimmerton, und gleichzeitig die am weitesten östlich liegende.

Tinnum gehört als Luftkurort ebenfalls zur Großgemeinde Sylt-Ost. Früher lebten die Tinnumer nur von der Landwirtschaft. Sie besaßen auch eine der wenigen Sylter Mühlen und nahmen in der Struktur Sylts eine wichtige Stellung ein. In Tinnum residierte nämlich der Landvogt. Das 1649 erbaute Haus steht noch. Tinnum ist heute ein Wurmfortsatz von Westerland und wird folgerichtig mehr durch Reihenhäuser denn durch Friesenbauten geprägt. Die aber gibt es noch, zum Beispiel auf dem Weg zur Tinnumburg, deren Umfriedung als Wall noch zu erkennen ist und die in grauer Vorzeit eine Fluchtburg bei Sturmfluten in uneingedeichtem Land war und später den Wikingern als Ausgangshafen diente. Die Bauern von Tinnum, die noch Landwirtschaft betreiben, vermieten nebenbei Zimmer und genießen so die Segnungen des Fremdenverkehrs. Dem Ort blieb wenig Raum für eine eigenständige Entwicklung in die Neuzeit. Der „Tierpark" pflegt die Tierarten, die es auf Sylt (noch) gibt: Schafe, Wildgänse, Rebhühner, Ziegen. Ein paar Papageien sorgen für Exotik. Zur Saison ist Tinnum, vor allem wegen seiner relativ günstigen Übernachtungspreise, überfüllt.

Am Rande von Tinnum, im sogenannten „Sonnenland", liegt übrigens einer der „Schandflecke" von Sylt: die Baracken für die Armen der Insel, für Obdachlose, Gastarbeiter. Wenn man einen der Kurdirektoren oder Bürgermeister darauf anspricht, zucken sie nur verlegen mit den Schultern und reden schnell wieder vom wahren Sonnenland der Insel, dem Strand.

Das kleinste Dorf unter den Kleinen von Sylt ist Munkmarsch, wo bis zum Bau des Hindenburgdamms die Fährschiffe aus Hoyer-Schleuse ankamen. Der Hafen ist heute versandet und jüngst von den Windsurfern als Paradies entdeckt worden, weil sie hier von keinem Schiff gestört werden. Die vorgelagerte Sandbank im ruhigen Wattenmeer ist vor allem bei Familien mit kleinen Kindern als

Badeplatz beliebt: hier droht keine Brandung. Auch Munkmarsch lebt vom Fremdenverkehr, außerdem von den Erträgen der Muschelbänke im Watt. Die Muscheln werden an Sylter Restaurants oder aufs Festland verkauft und genießen wegen ihrer Qualität einen guten Ruf.

Keitum

Wer mit dem überfüllten Autozug nach Sylt anreist, vor der Hochhaus-Silhouette Westerlands und dem Vorortcharakter Tinnums erschrocken ist, wird regelrecht dankbar, wenn er auf das verschlafene Keitum stößt. Ruhe unter dichten Bäumen, alle vor etwa hundert Jahren gepflanzt, schaffen diesen Eindruck von stillem Glück. Urlauber in Keitum ziehen lange Spaziergänge am Watt dem Baden in der See vor, denn Keitum hat keinen eigenen Strand, dafür aber ein Freibad mit Meerwasser, Strandkörben und einem freien Blick übers Meer in Richtung Schleswig-Holstein. Keitum wirkt reich und ist auch ein reiches Dorf, seit sich hier ab 1800 die Kapitäne niederließen, die durch Walfang und später Handelsschiffahrt wohlhabend geworden waren. Noch heute wird Keitum deshalb „Dorf der Kapitäne" genannt, und deren Schätze, zusammengetragen aus aller Herren Länder, sind nicht nur im „Altfriesischen Haus" und im „Heimatmuseum" ausgestellt, sondern gehören noch in vielen Häusern zum Wohnalltag. Zeugen dieser Vergangenheit im „Altfriesischen Haus", das 1739 erbaut und einst von C. P. Hansen bewohnt wurde, sind Trachten, Fliesen, Silberarbeiten und Möbel. Im dicht daneben liegenden Heimatmuseum werden nicht nur die Gemälde von Hugo Koecke oder Hans Peter Feddersen gezeigt, Schiffsmodelle und historisches nautisches Gerät, sondern auch Versteinerungen, Muscheln, Waffen und Urnen aus den Sylter Hünengräbern, von denen es auf Sylt so viele gibt.

Keitum, wo sich bis 1868 der Haupthafen der Insel befand, war einst das geistige und kommerzielle Zentrum Sylts. Hier stand die einzige Sylter Apotheke (bis 1892), hier lebte der einzige Arzt, hier wohnten die Chronisten C. P. Hansen und Jens Boysen. Der friesische Held Uwe Jens Lornsen ist in Keitum geboren, und die Vertretung der Friesen, die „Landschaft", tagte in Keitum.

Jenseits des Dorfes, auf einer Erhebung, liegt die St. Severin-Kirche, erbaut Mitte des 12. Jahrhunderts im romantischen Stil und bereits vom Autozug weit vor Sylt aus sichtbar wie ein steinernes Schiff. Auf dem Friedhof daneben liegen die großen Sylter begraben und auch Sylt-Liebhaber wie der Kunstschriftsteller Ferdinand Avenarius, der Verleger Peter Suhrkampf und der Musikkritiker Antonio Mingotti.

Auch in Keitum wird das altfriesische Erscheinungsbild des Dorfes durch ein strenges Baustatut geschützt, das nur Reetdachhäuser zuläßt, die mit weißem oder rotem Klinker gebaut sind. Ein für Sylt typischer bürokratischer Fehltritt ist der Zusammenschluß von Keitum, Archsum, Morsum und Tinnum zur Gemeinde Sylt-Ost. Das klingt schon fast wie Barmbek-West . . .

Unberührt von diesem bürokratischen Übereifer blieb Keitums Zauber auf den Fremden. Die Stille im Winter, wenn man zwischen tiefverschneiten Friesenwällen durch Keitum stapft, macht den Ort sogar neudeutsch-prosaischen Gemütern unvergeßlich. Im Sommer, wenn die meisten Kurgäste da sind, ist hier nicht weniger los als sonstwo auf der Insel, nur geschieht hier eben alles gedämpfter, vornehmer.

Größter Spaß ist dann das Keitumer Ringreiten. Diese spezielle Form Sylter Ritterspiele ist ein Fest der Einheimischen, die Fremden sind nur als zahlende Zaungäste zugelassen. In farbenprächtigen Uniformen tragen die Mitglieder des Ringreitervereins ihre Meisterschaft um die Würde eines Ringreiterkönigs aus. Es fließen gewaltige Mengen von Alkohol. Gewonnen hat, wer – hoch zu Pferde sitzend oder schwankend – einen kleinen, auf einer Leine zwischen zwei Pfählen hängenden Ring mit seiner Holzlanze möglichst oft aufspießt. Ein typisches Sylter Fest.

Aber wiederum typisch Sylt: Der schönste Ringreiterplatz, unter schattigen alten Bäumen hinter dem Landschaftlichen Haus in Keitum, mußte einem Apartmenthaus weichen.

Da möchte man schon zur Lanze greifen, reitend.

Wenningstedt

Wenningstedt, der zweitgrößte Ort Sylts und mit Westerland schon zusammengewachsen, ist das typische Familienbad des deutschen Bürgers geblieben. Wenn der Begriff Sommerfrische noch Inhalt hat, dann sicher für die Gäste von Wenningstedt, zu dem auch das am Watt gelegene Braderup mit seinen schönen Friesenhäusern gehört. Nirgendwo sonst auf der Insel gibt es zwischen Badegast und Vermieter solche familiären Beziehungen, denn die Stammgäste von Wenningstedt, unter ihnen auch Werner Höfer, kommen nicht selten seit Jahrzehnten in die gleiche Pension. Am Ortsbild ändert sich nur dann etwas, wenn ein Haus mal einen neuen Anstrich bekommt.

Schwer zu leiden hatte Wenningstedt unter Sturmfluten. Bei der Katastrophe von 1976 ist das Kliff bis dicht vor der betonierten Kurpromenade abgebrochen; ein Haus mußte wegen Einsturzgefahr abgerissen werden, und jeder fürchtet, daß bei der nächsten großen Flut die Promenade ganz verschwindet.

Auch die Geschichte Wenningstedts ist eine Geschichte voller Katastrophen. Sylt-Chronist C. P. Hansen:

„Im Westen des jetzigen mittleren Theiles der Insel soll ein bedeutender Fischerort namens Weningstadt gelegen haben. Im Jahre

1362, nach anderen aber schon früher, wäre dieser Ort durch eine Überschwemmung untergegangen. Die wenigen am Leben gebliebenen Bewohner hätten sich darauf rings um einen kleinen See . . . (den heutigen Dorfteich, Anm. d. Verf.) angebauet und den Ort nach dem verschwundenen Wenningstedt genannt. Merkwürdiger als der Untergang Wenningstadts ist das auf dem hohen Kliff in nordwestlicher Richtung von dem jetzigen Wenningstedt vor einigen Jahren bemerkte Wiedererscheinen von Stavenplätzen, Mauerwerk, Steinpflaster u.a. Gegenständen eines seit Jahrhunderten im Sande begrabenen längst vergessenen Dorfes, nachdem die Dünen völlig über den Ort hinweggeschritten waren . . ."

Der alte Dorfkern um den malerischen Dorfteich herum ist heute noch der schönste Fleck Wenningstedts, das vier Jahre nach Westerland, also 1859, mit dem Fremdenverkehr angefangen hat, aber erst 1928 Westerland die Strandrechte für den Badebetrieb abkaufte. Wenningstedt hatte in der letzten Saison 43 843 Kurgäste, kann sich aber nicht ausdehnen, weil es mit Westerland schon eine Einheit bildet und nach Kampen hin die Heide nicht weiter bebaut werden darf.

Kampen

Kampen – das St. Tropez des Nordens, das Dorf mit den meisten und teuersten Bars auf der Insel. Kampen – das Dorf, in dem BMW, Mercedes, Porsche und Rolls-Royce so gemein sind wie anderswo der Golf. Kampen – eine einzige Kuchenschlacht, ein großer Bartresen, ein Karussell auf dem Jahrmarkt der Eitelkeiten.

Und doch: Kampen ist eine Sehnsucht, Kampen ist ein Zustand, Kampen ist die blaue Blume der Nordseeromantik. Wer Kampen nicht kennt, weiß nichts von Sylt. Wer aber Kampen kennt, hat von Sylt genug. Kampen ist über allen Wipfeln Ruh, Kampen ist Freude, schöner Götterfunken.

Bekannt geworden ist Kampen Ende des vergangenen Jahrhunderts als „Kolonie der Künstler", als Ferdinand Avenarius aus Kampen so etwas wie Hiddensee machen wollte, einen Platz, an dem sich alle Maler und Dichter und Denker treffen und ein bißchen Worpswede mit Strandleben spielen sollten. Der Neffe Richard Wagners war 1876 zum erstenmal nach Kampen gekommen und dem Zauber des Dorfes erlegen. In jedem Sommer kam er wieder, und 1902 hat er sich sogar in Kampen niedergelassen und dort ein Haus gebaut, das Haus Uhlenkamp. Dort redigierte er die Zeitschrift „Kunstwart", gründete den Dürerbund und schrieb über seine neue Wahlheimat:

„Sobald man das Dorf Kampen auf Sylt durchschritten hat, breitet sich die Welt vor einem aus, herrlich wie am ersten Tag. Heide, dann ein schmaler Binnen-Dünenstreif, der in edel ruhiger Linie die Heide umsäumt und über ihm Meer rechts, Meer links, dazwischen aber über schön geschweifter Bucht, wie ein fernes Hochgebirge, das größte Dünengebiet Deutschlands, die Halbinsel List. Vom alten Dorf Kampen nach Westen zu macht sich das Bad breit, aber nach Osten zu ist's nicht minder schön, noch bis zur Marsch Heide, und aus ihr träumen Denkmäler uralter Zeit, die höchstgelegenen Hünengräber der Insel."

Kein Wunder, daß solches Schwärmen andere Künstler anzog, die Ähnliches erleben wollten. Die ersten Bilder Sylts, die einem kritischen Auge standhalten, waren von Hinrich Wrage und Hans Peter Feddersen, beides Landschaftsmaler, geschaffen worden: Dünen, Strand, Heide, Hünengräber. Die verschiedenen Färbungen des Himmels, die gleich die ganze Landschaft veränderten, haben auch ganz andere Maler nach Kampen gezogen, Georg Schönleber etwa oder Walter Leistikow. Angeregt von Avenarius haben viele Künstler des Jugendstils Kampen zum Gegenstand ihrer heute schwülstig anmutenden Träume gemacht und in Bilder umgesetzt. Später, als Avenarius schon auf dem Keitumer Friedhof lag, haben Lovis Corinth und Erich Heckel, Otto Müller und Magnus Weidemann in Kampen gemalt. Auch die Bildhauer Ewald Mataré und Edwin Scharff ließen sich durch die Landschaft um Kampen zu großartigen Plastiken anregen.

Heute leben in Kampen die Maler Siegward Sprotte und Otto Eglau, öffnen zur Saison ihre Ateliers und bieten ihre Werke zum Kauf an, vor allem zwischen Weihnachten und Neujahr, wenn sich die Springflut kaufkräftiger Gäste über Kampen ergießt. Kampen ist „in", und Kampen ist teuer.

Zwar gibt es selbst heute noch preiswerte Unterkünfte, Zimmer mit Frühstück für 15 oder 20 Mark, in der Mehrzahl aber werden Ferienwohnungen und Ferienhäuser angeboten, die über 150 Mark am Tag kosten. Bei solchen Preisen nimmt es kein Wunder, daß heute in Kampen von Künstlern kaum mehr ein Hauch zu spüren ist und statt dessen die Großen und die Möchtegern-Großen der deutschen Wirtschaft, Industrie und Publizistik zu den Stammgästen Kampens zählen. Auch der Feinkosthändler hat sich darauf eingestellt: Er bietet zur Saison französische Weine für 80 Mark pro Flasche an – und er verkauft sie alle.

Die sieben Ur-Häuser Kampens lagen auf einem Feld, einem Kamp, das 1613 zum erstenmal in einer Chronik geschildert wird. Die Bevölkerung ernährte sich vom Fischen, von der Landwirtschaft, von der Seefahrt. Heute gibt es in Kampen keinen Fischer mehr, keinen Bauern, keinen Seefahrer. Geblieben aber ist die Heide, geblieben sind die Dünen, geblieben ist der unverfälschte

Kampen begann als Dorf, das auf dem Kamp, dem Feld, liegt, mit nur sieben Häusern. Noch um die Jahrhundertwende störten nur wenige Gebäude den Eindruck der urwüchsigen Heidelandschaft. Den dörflichen Charakter hat sich Kampen trotz Jet-Set bis heute erhalten

Ortskern. Kampen, das schöne Kampen, selbst zur Sommerszeit noch friedlich und still – Ausnahme die Strönwaistraße mit Bars, Diskotheken und Boutiquen –, ist noch Sylt geblieben. Was einst die ersten Kurgäste suchten, Erholung in intakter Natur und in ursprünglicher Landschaft, wird in Kampen noch geboten und ist schon früh, 1913, durch das Ortsstatut gesichert worden:

Als die Nordwesterheide in den zwanziger Jahren der Dresdner Bank abgekauft wurde, stand als Klausel im Vertrag zwischen Geldinstitut und Gemeinde: Sollte das Gelände bebaut werden, fällt es entschädigungslos an den Vorbesitzer zurück. Also haben sich die Kampener gehütet. Außer der Sturmhaube steht da nichts auf der riesigen Heidefläche vom Roten Kliff bis hinunter zur Hauptstraße. Aber auch da, wo gebaut werden darf, gibt es kraft Statut feste Bestimmungen. Nur Reetdachhäuser, Grundfläche höchstens 200 Quadratmeter, Firsthöhe acht Meter. Erlaubt ist außerdem nur Rotklinker, allenfalls noch weiß angestrichen. Der Abstand zum Nachbarn muß mindestens 25 Meter betragen und das Grundstück darf nicht unter 1000 Quadratmeter groß sein. „So", sagt Kurdirektor Hans Eckert, „erhalten wir uns den dörflichen Charakter." Und den feinen: 1000 Quadratmeter Grund sind in Kampen nicht unter 500 000 Mark zu haben, wenn überhaupt. Die Gäste danken Kampen das Besondere. Neben den 900 Ureinwohnern haben ebenso viele Festländer in Kampen ihr Zweitdomizil aufgeschlagen, und bei einem Angebot von 2800 Gästebetten zählte die Kurverwaltung, die sich als einzige nicht der Insel-Gesamtkurkarte angeschlossen hat („Wir wollen unseren Strand für unsere Gäste"), 350 000 Übernachtungen pro Jahr.

Die im Kamphüs sitzende Kurverwaltung will gar nicht unbedingt jedes Jahr gewaltige Zuwachszahlen an Kurgästen vorweisen wie Westerland zum Beispiel, sondern lieber Qualität bei Nullwachstum erhalten. Kurdirektor Eckert, 56 Jahre alt, ist in Berlin geboren und Seefahrer aus Passion. Bis 1961 war er es auch beruflich, unter anderem als Funkoffizier auf der legendären „Passat". Sylt hat er schwimmend kennengelernt. Er war Kampfschwimmer bei der deutschen Marine, und nach dem Krieg mußte er als Gefangener den Engländern helfen, die Sylter Westküste von den zum Teil versteckten und überwucherten Minen zu räumen. Er hat's überlebt.

Seine Frau, natürlich in Kampen geboren, ist eine Nachfahrin des legendären Kapitäns Peter Lassen, der sich zu seiner Zeit auf Sylt sehr rege betätigte und schätzungsweise 28 Nachkommen hinterlassen hat.

Hans Eckert, Kurdirektor von Kampen, als Kampfschwimmer der deutschen Kriegsmarine

Was macht denn ein Kurdirektor mit dem ganzen Geld, das da während der Saison hereinkommt? Herr Eckert windet sich erst gar nicht lange, sondern legt Zahlen auf den Tisch: „Kampen hatte 1977 eine gute Saison mit 353 540 Übernachtungen. Die brachten natürlich durch die Kurtaxe Geld in unsere Kasse, was wir auch

Vor dem Roten Kliff am Strand von Kampen läßt sich Hans Eckert in seiner alten Taucherausrüstung fotografieren, mit der er nach dem Krieg vor der Küste Minen entschärft hat. Heute muß sich Kampens Kurdirektor um weniger explosive Dinge kümmern: Strandkörbe, Kurtaxe, Strandwärter, Rettungsschwimmer, Kampen-Werbung

brauchten. An Reparaturen, vom Türschloß im Kamphüs bis zur Erneuerung der Belüftungsanlage in der Sturmhaube, haben wir 100 000 Mark ausgegeben, Löhne und Gehälter für Rettungsschwimmer, Strandwärter, Verwaltungsangestellte erforderten 520 000 Mark. 45 000 Prospekte, die für Kampen werben sollten, kosteten 100 000 Mark, und 100 000 Mark gaben wir für dringend benötigte neue Strandkörbe aus. 10 000 Mark stehen im Etat für neue Gehwege und Parkbänke, 180 000 Mark für einen neuen Schuppen, in dem die Strandkörbe im Winter stehen, und, nicht zu vergessen, 5000 Mark für einen neuen Safe in der Kurverwaltung."

In dem blieb am Saisonende nichts zurück, „denn wir müssen alles ausgeben und können nichts zurücklegen für eine mal nicht so gute Saison".

Sorgen hat auch das wohlhabende Kampen, das so traulich vom Blinken des 38 Meter hohen Leuchtturm durch die Sylter Nächte geleitet wird, und zwar am Roten Kliff. Das Kliff, bis Wenningstedt insgesamt vier Kilometer lang und bei Kampen über 25 Meter hoch, ist vor allem durch Sturmfluten bedroht. 1976, in der Nacht zum 3. Januar, holte sich das Meer dort fast 20 Meter Land, vor allem den in ruhigen Zeiten von Lehm überlagerten Kaolinsand. Entstanden ist das Kliff am Ende der vorletzten Eiszeit. Durch chemische Reaktion des Eisens entstand die braune bis rote Färbung, daher der Name Rotes Kliff.

Nun noch einmal ein Blick von der 52 Meter hohen Uwedüne (benannt nach Uwe Jens Lornsen) auf die Sehnsucht des Städters, auf Kampen, auf alte Häuser, aufs weite Watt, und schon blinken fern die weißen Dünen von List. Aber fast hätte ich bei der Schilderung Kampens etwas vergessen, genauer: einen. Und ohne Karlchen wäre Kampen nun wirklich nur ein schönes friesisches Dorf mit großem Erholungswert.

Also, auf zu Karlchen in die Whiskystraße von Kampen.

Karlchen

Karlchen heißt ganz bürgerlich eigentlich Karl Rosenzweig, ist in Westerland aufgewachsen und dort auch zur Schule gegangen. Sein Vater war Bezirksschornsteinfegermeister, und Schornsteinfeger hat Karl nach der Schule auch gelernt: „Deshalb kenne ich die meisten alten Häuser auf Sylt ziemlich genau." Seine Mutter lebt heute noch im Familienhaus aus dem Jahre 1759 mitten in Westerland zwischen Betonklötzen und Durchgangsstraßen.

Aber alle Welt oder zumindest die Teile der Welt, die nach Kampen kommen, nennen Karl Rosenzweig kurz Karlchen. „Das ist mein nom de guerre", sagt er. Karlchen heißt auch Karlchens Bar in Kampen. An der Wand hängen in jedem Sommer Bilder junger Künstler, am Tresen sitzen die, denen Karlchens Frau Marlies die

An Karlchen kommt in Kampen niemand vorbei, seine gleichnamige Bar ist seit Jahrzehnten ein Treffpunkt des Modebades. Karl Rosenzweig ist in Westerland geboren, hier steht er mit seiner Mutter im Torbogen des 1759 erbauten Elternhauses

Bilder verkaufen will. Karlchens Bar, auf 45 Quadratmetern, ist Kampen einst und Kampen jetzt: einst Treffpunkt der Künstler, jetzt Treffpunkt des kleinen und großen Kapitals. Man schlürft die halbe Nacht Karlchens berühmte Drinks, hält Ausschau nach bekannten Gesichtern und ist froh, wenn wenigstens einige populäre Publizisten auftauchen.

Denn vorbei sind die Zeiten, da sich der Jet-Set Kampen zum Spielplatz erkoren hat. Vorbei sind die sechziger Jahre, da die berühmten Kampener Cliquen den Ruf Kampens als St-Tropez des Nordens in die Gazetten trugen: Der römische Playboy Orsini hat graue Haare bekommen und muß auf seine Linie achten. Gunter Sachs hat seine schweren Motorräder in den Schuppen gestellt und bräunt sich friedlich auf Ibiza. Ex-Kaiserin Soraya hat die Jagd nach dem Glück eingestellt und lebt in Italien auf dem Land. Axel Springer jr. hat sich in einen stillen Inselort zurückgezogen und fährt manchmal die Badegäste seines Nachbarn zum Bahnhof, wenn der gerade keine Zeit hat.

Damals, als sie alle noch jünger waren und der Nachholbedarf größer, gab es die berühmten Barbecues am Strand, bei denen auf dem Rost die Steaks und in den Dünen die schönsten Mädchen verbraten wurden. Da soff man bei Karlchen die Nächte durch und hatte unter Kater nie zu leiden, weil am anderen Morgen das Meer von allem Übel befreite. Da brauste man mittags mit der dicken Harley-Davidson zu Manne Pahl, um Pflaumenkuchen zu essen, gab sich abends nach dem ersten Drink als Gourmet bei „Fisch-Fiete" oder in der „Kupferkanne", freute sich anschließend auf die Gesichtskontrolle im „Pony", wo Renate Götsch nur die einließ, die sie für schick, witzig, besser für beides ansah, und hielt anschließend bei Karlchen wieder die Luft an, wenn dort die Schönen der Nacht – Mädchen aus dem „Pony", Studentinnen aus der „Kupferkanne", die dort sommers jobbten – nach Dienstschluß einzogen und keinen Drink selber bezahlen mußten. Der Sehnsucht eines jeden wurde bei Karlchen Genüge getan – die einen drängte es zum Geld, die anderen zum Busen. Kampen war der Spielplatz der Wunderkinder. Und Karlchen ihr Häuptling.

Auch Karlchen, der das Mixer-Handwerk als Schiffs-Barkeeper gelernt hat, sah damals so aus wie eins jener leicht verfetteten Wunderkinder. Alte Fotos zeigen ihn im korrekten weißen Dinnerjakkett, mit Krawatte, Halbglatze und dem richtigen Specknacken, der als Zeichen von Erfolg und Wohlstand gewertet wurde. Im Somer residierte er in Kampen, im Winter in der Berliner „Vollen Pulle", wo vom Glanz der Stammgäste Thornton Wilder, Henry Miller, Peter Weiss oder Walter Höllerer auch Karlchen verklärt wurde und er seinen Ruf als bester Barkeeper Deutschlands begründete.

Im Club der britischen Besatzungsmacht auf Sylt hat Karlchen nach dem Krieg seine Inselkarriere begonnen, bei der Royal Air Force in Westerland. Unter den Kasinogästen war auch ein junger englischer Offizier namens Smith, den eine ganz besondere Leidenschaft an Sylt fesselte. Seine Liebe galt nämlich einer jungen Westerländerin, des Gastronomen Baumann Tochter, die er auch heiratete und mit der er heute noch das zu Recht berühmte „Hinchley Wood" führt, ein kleines, aber höchst feines Hotel in Kampen. Stammgäste behaupten, eigentlich könne man nirgends in Kampen wohnen außer im „Hinchley Wood" . . .

Die Buchhaltung im britischen Kasino besorgte Inge Gogarten, ebenfalls eine Einheimische, und die eröffnete in der ersten richtigen Nachkriegs-Saison 1949 in Kampen ein Café, nannte es „Gogärtchen" und nahm Karlchen als Barkeeper gleich mit. Sie führte die Geschäfte, er die Gespräche. Sie kümmerte sich um die Lieferanten, er um die Kunden. Sie stellte das „Gogärtchen" auf eine solide finanzielle Basis, er machte das „Gogärtchen" berühmt. Von diesem Ruf zehrt es heute noch, obwohl Karlchen seit 1970 seine eigene Bar hat und Inge Gogarten seit 1969 auf dem Keitumer Friedhof liegt.

Karlchen ist mit Kampen älter geworden. Die weißen Haare stehen buschig und struppig von der rosafarbenen Kopfglatze ab, als hätte sie der Sylter Westwind verweht. Der borstige Schnauzer, der lässige Pullover und die ruhige Sprache sind kein aufgezwungenes Markenzeichen des berühmten Karlchen, sondern Attribute des 57jährigen Karl Rosenzweig aus Westerland, der sich inzwischen mehr für Sylter Historie als für Drinks, mehr für seine Zeichnungen als für schöne Nackte interessiert. Auch die jungen Ranschaffer von früher lassen heute nur noch die Blicke schweifen und stecken ansonsten die rotgewordenen Nasen ins Glas. In der Erinnerung verklärt sich dann die hohe Zeit von Kampen zur Legende. Karlchen: „So manche Nacht habe ich mit meinem Freund Werner Höfer und den anderen durchgemacht, bis morgens früh die Sonne hinter dem Watt auftauchte. Das waren nicht diese typischen deutschen Saufnächte, in denen vor lauter Alkohol keiner dem anderen mehr zuhört. Da wurde schon ernsthaft und leidenschaftlich diskutiert, wie es sich gehört in einer anständigen Bar. Und in solchen Nächten ist vor Sonnenaufgang auch keiner gegangen. Der Polizist, der eigentlich auf die Einhaltung der Sperrstunde achten sollte, hat nach drei Uhr morgens immer noch Leute reingeholt, die auf dem Heimweg von einer anderen Nachtbar waren. Und selbst blieb er natürlich auch bis zum Morgengrauen. Wenn es dann wirklich sechs Uhr oder sieben Uhr geworden war, sind wir rübergezogen zum Inselbahnhof und haben dort ein paar Abschiedsschlucke zur Brust genommen."

Der Inselbahnhof steht nicht mehr, die Inselbahn, „Rasende Emma" genannt, hat 1970 ihren letzten Schnaufer getan. Einige Häuser mit roten Dachziegeln statt Reetdach erinnern daran, wo sie einst fuhr: Diese Dächer sollten die Häuser vor Funkenflug schützen – Reet brennt zu leicht.

Karlchen, einst ein fröhlicher Zecher, trinkt keinen Alkohol mehr, und das Rauchen hat er auch aufgegeben. Statt des fröhlichen Jet-Set kommen heute die Manager aus den höheren Etagen nach Kampen. Sie wollen ihre Ruhe und halten nichts von Barbecues am Strand. Wenn Karlchen beim Mixen aufblickt und sich in seiner Bar umschaut, kommt er sich vor wie ein Jet ohne Set.

„Die deutsche Gesellschaft", sagt er, „hat sich eben verändert." Und es klingt nicht so, als ob er sich darüber freut.

List

Am nördlichsten Zipfel der Insel und damit am nördlichsten Punkt Deutschlands liegt List. Gegründet wurde List, das früher Listum hieß, von Seefahrern und Fischern, denen die Lister Bucht ein idealer Ausgangshafen für ihre Fahrten zu sein schien. Dieses alte List versank 1362 in jener Sturmflut, die heute unter dem Namen „Mandränke" in den Geschichtsbüchern steht. Die Überlebenden bauten ein neues List nordöstlich vom untergegangenen Listum.

Diese neue Siedlung bestand nur aus zwei großen Bauernhöfen, dem Westhof und dem Osthof, samt dazugehörenden Stallungen und Vorratsscheunen. Die beiden Bauern auf diesen Höfen, die heute noch den Ortskern von List ausmachen, hatten ihr Land vom dänischen König als „Erbfeste" bekommen. Das dazugehörige Land, das Listland, reichte bis zu den Dünen von Kampen.

Das Listland blieb auch im Laufe der Jahrhunderte unteilbar im Besitz der jeweiligen Hoferben; Abgaben und Steuern wurden bis zum Anschluß an das Deutsche Reich 1871 an den dänischen König bezahlt. Über den Erwerb des Listlandes durch die beiden Lister Königsbauern drei Jahre vor dem Anschluß ans Deutsche Reich gibt es keine Urkunden. Es heißt nur, die Lister Festebauern hätten ihr Land dem dänischen König mit Ochsenkarren voller Gold bar bezahlt . . .

Den Erben der beiden Bauern gehört das Listland noch heute. Das ist allerdings wirtschaftlich nicht mehr attraktiv, weil das Land unter Naturschutz steht und nicht bebaut werden darf. Die Einwohner Lists, das noch um die Jahrhundertwende nur aus 13 um die beiden Höfe herumgruppierten Häusern bestand, lebten von der Landwirtschaft, der Schaf- und der Austernzucht. Die Austern wurden in großen Bassins gehalten und tonnenweise aufs Festland verkauft.

Anschluß an „Rest-Sylt" fanden die Lister erst 1907, als die Trasse der Inselbahn bis List verlängert wurde und die ersten Badegäste kamen. Im Ersten Weltkrieg galt List als strategisch wichtiger Ort; auf den Dünen standen vier Geschütze gegen eine mögliche

Invasion der Engländer. Baracken und eine Flugzeugwerft samt Flugfeld wurden gebaut. 1918 aber, als alles vorbei war, versank List wieder in seinen Dornröschenschlaf.

Wieder waren es Soldaten, die List aus jenem idyllischen Frieden herausrissen: Während des Dritten Reiches wurde der Ort zur Garnison ausgebaut. Die Nationalsozialisten bebauten 80 Hektar des Listlandes und zahlten dafür 7,5 Pfennig pro Quadratmeter. Hätten die Listlandbesitzer nicht zugestimmt, wären sie enteignet worden. Noch heute werden die von den Nazis gebauten Häuser von den Listern „Göring-Häuser" genannt. Wieder waren Marineflieger in List stationiert, wieder wartete man auf eine Invasion der Engländer, wieder ließen sich die nicht blicken. Ein friedliches Ereignis in den dreißiger Jahren war der Flug um die Welt, den Wolfgang von Gronau 1931 mit einem Dornier „Wal" in List begann. Dafür bekam er dann von den dankbaren Listern auch ein Denkmal am Hafen.

Nach dem Zusammenbruch des Naziregimes war List ein großes Armenhaus voller Flüchtlinge und Neu-Lister, die mit der Deutschen Wehrmacht gekommen waren und nach deren Kapitulation keine Existenzgrundlage mehr hatten. Die einzige Überlebenschance des Ortes war der Ausbau zum Kurbad. Nach 1949 begannen deshalb langwierige Prozesse zwischen den Listlandbesitzern und der Bundesrepublik Deutschland um das für die Infrastruktur

Der Lister „Königshafen" wird heute von größeren Schiffen nicht mehr angelaufen. Er ist versandet. Einst war er eine beliebte Zwischenstation für Hamburger oder Cuxhavener Fischer. Sie nahmen auf ihrer Heimfahrt Lister Spezialitäten mit: in Bassins gezüchtete Austern, Fässer voll eingelegter Enten

benötigte Land. Verkauft wurden das Gebiet, auf dem die heutige Siedlung Mellhörn steht (für 650 000 Mark), und die Blidsel-Bucht, in der heute die Ferienkolonien von Sonnenland 1 und Sonnenland 2 errichtet sind. Der unverkaufte Rest, ein 1284 Hektar großes Stück Land, wurde Naturschutzgebiet.

Den Besitzern des Listlandes bzw. ihren Erben blieb auch der Ellenbogen. Wer an dessen weiten Stränden baden will, braucht keine Kurkarte von List, bezahlt dafür aber eine Mautgebühr von 3 Mark pro Auto, die am Beginn der Ellenbogen-Straße kassiert wird. Die Lister Schafe, durch zwei Weltkriege von 6000 auf 800 reduziert, geben immer noch hervorragende Wolle, haben aber ebenso wie Fischerei und Seefahrt keine wirtschaftliche Bedeutung mehr für die Gemeinde. Nur für die Deiche tun die Schafe immer noch ihr Bestes: Mit trippelnden Schritten treten sie die Grasnarbe fest. Auch List lebt vom Fremdenverkehr und wieder einmal von den Soldaten. Denn in List ist heute die Marineversorgungsschule, die „Kochschule der Nation", stationiert.

Die Marineversorgungsschule

Während nur wenige Kilometer von den alten Kasernen entfernt die Nato am Ellenbogen im Winter Zielschießen veranstaltet, wird hier in der Marineversorgungsschule den rund 1000 Soldaten beigebracht, was zur Pflicht der Nachschubtruppe gehört: Kochen, Material, technische Ausrüstung und Ersatzteile beschaffen und verteilen. Kommandant der Schule ist Kapitän zur See Schröder, der seit knapp zwei Jahren in List stationiert ist und sich in Westerland bereits ein Reihenhaus gekauft hat: „Ich will auf Sylt nämlich meinen Lebensabend verbringen." In seiner Schule hat er vom Wehrpflichtigen bis zum Berufsoffizier alle Marineränge beisammen, und die Hauptübungen „finden in den Hörsälen statt, weil wir hier unterrichten und nicht schießen. Außer der Grundausbildung passiert hier eigentlich nichts spezifisch Militärisches".

Die Bundeswehr ist neben der „weißen Industrie" Fremdenverkehr der größte Arbeitgeber am Ort und dementsprechend angesehen. Die Kochkünste der Truppe sind ebenso berühmt wie deren stimmliche Leistungen. Der Marinechor List hat mehrere Schallplatten produziert und ist voll in den Kurbetrieb integriert: „Der Chor wurde aufgestellt, weil List außerhalb der Saison ein Einödort ist und wir alles tun müssen, um unseren jungen Soldaten Abwechslung zu bieten." Dennoch: Auch von diesem nördlichsten Zipfel Deutschlands aus fahren die meisten Soldaten am Wochenende nach Hause, als könnten sie ohne ihre Stammkneipe nicht leben.

Kapitän Schröder, 53 Jahre alt, in Stettin geboren und vor seiner Bundeswehrzeit Kriminalkommissar, will nach dem Ruhestand „vielleicht auch in die Sylter Kommunalpolitik gehen, weil man hier in überschaubarem Rahmen politisch wirken kann". Mitglied bei den Rotariern ist er schon. Die Soldaten, die nach Sylt kommen und von der Insel meist gar nichts wissen, sind „nach wenigen Wochen so begeistert, daß sie am liebsten nicht mehr wegwollen". Was Kapitän Schröder mit Freude erfüllt. Von grimmigen Haudegen hält er nichts, fröhliche blaue Jungs sind ihm allemal lieber.

Insofern hat sich auch die Bundeswehr der Insel Sylt angepaßt.

Inken Diedrichsen

Es gibt ein altes Foto aus List, da stehen die Ahnen der blauen Jungs von heute, die Marineflieger, auf ihrem Flugfeld und blicken gefaßt in die Kamera. In ihrer Mitte, am wehenden weißen Haarschopf kenntlich, steht einer, der gar nicht zu ihnen paßt, im Zivil und mit einem Spazierstock. Das Foto ist 1915 aufgenommen, und der Mann in der Bildmitte ist Gerhart Hauptmann.

In den Archiven steht lapidar vermeldet, daß der „schlesische Dichterfürst" auf Einladung eines Freundes nach List gekommen sei, die Marineflieger besucht und mit denen mittags Erbsensuppe gegessen habe, daß ihm eine gewisse Inken, Tochter des ortsansässigen Bauern, vorgestellt worden sei und daß sich Gerhart Hauptmann tief beeindruckt gezeigt habe von den Lister Wanderdünen. Dann sei er wieder zurückgefahren auf die der großen Ostseeinsel Rügen vorgelagerte Insel Hiddensee, auf der er gelebt habe und wo er die anderen Künstler seiner Zeit während des Sommers habe treffen können. Das Mädchen Inken, wird noch hinzugefügt, sei von fröhlichem Wesen gewesen, und es könne durchaus sein, daß sie das Vorbild für die Rolle der Gärtnerstochter Inken Peters in Hauptmanns Drama „Vor Sonnenuntergang" geworden sei.

Eine seltsame Geschichte, voller Andeutungen, Vermutungen, aber doch mit einem realen Hintergrund. Schließlich gibt es ja das Foto, und auf dem ist Gerhart Hauptmann deutlich zu sehen. „Inken", sagt mir einer von den Syltern, „Inken lebt noch oben in List. Ich ruf sie mal an." Die beiden sprechen am Telefon friesisch, ich verstehe kein Wort, aber das Resultat wird mir in meine Sprache übersetzt: Inken erwartet mich in ihrem Haus neben dem Lister Osthof.

Auf dem Sofa, auf dem ich da sitze, hat 1915 Gerhart Hauptmann gesessen. Und ihm gegenüber Inken Diedrichsen. Das Sofa allerdings stand noch drüben im Haupthaus des Hofes, auf dem Inken mit ihren Eltern und ihren Geschwistern lebte. Ihr Zimmer war voller Bücher und Zeichnungen, was den Dichter nicht überraschte. Sein Sohn Ivo hatte während des Studiums Inkens Bruder kennengelernt, und der hat Ivo von seiner Schwester in List erzählt. Ivo hat es dem Vater erzählt, und da saß er nun, der Dichter und ihm gegenüber Inken. Ein blondes Mädchen, das Haar über beiden Ohren

Das Mädchen Inken Diedrichsen, das Gerhart Hauptmann inspirierte

zu Schnecken geflochten und kein bißchen verlegen. Sie wußte zwar, wer da auf dem Sofa saß, aber das schüchterte sie durchaus nicht ein, schließlich war sie die Tochter des Königsbauern Niels Diedrichsen, dem das halbe Listland gehörte. Und da braucht man sich vor einem Dichter, und sei er noch so berühmt, wahrlich nicht zu verstecken.

Inken Diedrichsen hat Gerhart Hauptmann nur einmal gesehen. Als ihr später, viel später, jemand erzählte, die junge Gärtnerstochter Inken Peters in Hauptmanns Drama „Vor Sonnenuntergang" sei ein Mädchen wie sie und das wohl nicht zufällig, hat Inken das nicht so ernst genommen, und das tut sie heute noch nicht, wenn Sylter Chronisten schreiben, sie sei die Muse des Gerhart Hauptmann gewesen. Obwohl durchaus vorstellbar ist, daß der Dichter von dem Lister Mädchen so beeindruckt war, daß er einer späteren Kunstgestalt ihre Züge verlieh.

Als Inken zur Welt kam, tobte gerade mal wieder ein Sturm über Sylt, und die Wogen gingen hoch. Vater Diedrichsen mußte die Hebamme aus Kampen huckepack durch das eiskalte Wasser der Blidsel-Bucht tragen, wo heute die Häuser von Sonnenland stehen.

Aber er schaffte es noch rechtzeitig bis zu seinem Hof. Inken kam in der Nacht vor Weihnachten, am 23. Dezember 1893, zur Welt. „Meine Mutter hatte sieben Kinder. Als ich kam, waren vier schon tot. Sie starben alle in einem Jahr an Diphterie, die Seeleute eingeschleppt hatten. Aber ich hatte noch zwei Brüder, der eine war ein begabter Maler, das war der, der dann später Ivo Hauptmann kennengelernt hat . . ."

Immer wieder stockt das Gespräch, wenn sie von Menschen erzählt, die längst schon tot, aber in ihrer Erinnerung so lebendig sind, als könnten sie jeden Moment durch die niedrige Tür in die gute Stube hereinkommen. Das geht ihr so bei ihrer Mutter, ihrem Vater, ihrem einzigen Sohn, der wenige Tage vor Kriegsende am 18. April 1945 gefallen ist, und bei ihrem Mann, der hier oben in List gestorben ist.

Inken, die 85jährige, sitzt in solchen Gesprächspausen ganz steif vor mir, umklammert mit beiden Händen den Tisch, und ihr Blick hängt an dem Gemälde des verstorbenen Bruders an der Wand, der schon als 14jähriger Bauernjunge malte und glücklich war, wenn urlaubende Maler ihm ihren Farbkasten schenkten.

Es muß eine glückliche Kindheit gewesen sein, die Inken in List erlebte. Sorgen und Nöte kamen und gingen mit Wind und Wetter, und was in der Welt draußen geschah, drang wie durch einen klärenden Filter in die Abgeschiedenheit der beiden Lister Höfe. Da muß es schon eine Sensation gewesen sein, als 1907 die Gleise der Inselbahn von Kampen nach List verlängert wurden, als die ersten Kurgäste aus den Waggons kletterten. List zählte damals knapp 80 Einwohner, die meisten Kurgäste blieben auch nur bis zum Abend

Die 85jährige Inken von Hattingberg geborene Diedrichsen: „Von Geld wurde bei uns nie gesprochen. Erst als die Kurgäste auch nach List kamen . . .“

und fuhren mit der Bahn wieder zurück nach Kampen oder Westerland. Im Winter fuhr die Inselbahn natürlich nicht, wozu auch, es kam ja niemand.

Wenn Inken zum Konfirmandenunterricht nach Keitum mußte, wo der auch für List zuständige Pastor wohnte, ging sie donnerstags mittags los, immer am Watt entlang, an Kampen vorbei nach Keitum, übernachtete dort bei Verwandten – alle Sylter haben überall auf Sylt Verwandte –, besuchte morgens am Freitag von neun bis elf den Konfirmandenunterricht und ging dann wieder zurück nach Hause, immer am Watt entlang, bis sie abends wieder in List war. Ihr Bruder hat auf solchen Wegen seine Geige mitgenommen und ab und zu gefiedelt. Inken hat als Mädchen Klavier gespielt, links steht es heute noch in der guten Stube und wird sorgsam gehütet, wenn auch nicht mehr benutzt.

Die Dänen haben 1863 das Schulhaus gebaut, in dem Inken Diedrichsen unterrichtet wurde, acht Klassen mit insgesamt zwölf Schülern waren in einem Raum, die klassische Zwergschule. Inken erinnert sich noch an den Lehrer, der hat ihr wohl viel Respekt eingeflößt: „Er hatte Theologie studiert, und seine Antrittspredigt wollten ihm seine Kirchenoberen vorschreiben, er durfte also nicht frei reden. Das war auf dem Festland, in Tondern. Da hat er gesagt, nee, mach' ich nicht, und ist lieber Lehrer geworden. Der kam zu uns

als junger Mann nach List, und da blieb er auch, bis er hier als 76jähriger gestorben ist. Vorher hatten wir nur Lehrer, die es höchstens mal ein halbes Jahr hier oben ausgehalten haben, weil es ihnen zu langweilig war oder das Klima zu rauh."

Rauh war es in der Tat. Um die beiden Höfe herum gab es wenig fruchtbares Land, nur Heide und sehr viel Sand, die Lister Dünen. Neben den Besitzern und deren Familien lebten die Knechte und Mägde in List, die auf den Höfen arbeiteten. Und es gehörten Tausende von Schafen dazu, die mit dem kargen Land zufrieden waren. Eine zähe, wetterfeste Rasse, eine Züchtung aus dem schottischen Highland- und dem spanischen Merinoschaf. Die großen, bis zu 1500 Tiere zählenden Herden blieben das ganze Jahr über im Freien, und auf Auktionen erzielten sie so gute Preise, daß sich ihre Besitzer zu den wenigen wohlhabenden Bauern auf Sylt rechnen durften, zu denen, die nicht zur See fahren mußten, um ihre Familien zu ernähren. Und den Lister Bauern stand der Fang eines jeden achten Tages aus der Kampener Vogelkoje zu, manchmal 100 Enten am Tag. Die wurden dann in Essig und Salz eingelegt, in kleine Fässer zu je vier Stück gepackt, für den Eigenbedarf in die Vorratskammern gestapelt oder auf dem Festland verkauft.

Die Diedrichsens und die Paulsens mit ihren Knechten und Mägden haben gut gelebt von dem, was ihnen gehörte: „Von Geld

Der Diedrichsen-Hof von List zu Beginn des Jahrhunderts. Hier kam Inken auf die Welt: In einem kleinen Haus hinter dem Hauptgebäude mit Vorbau lebt sie heute

wurde bei uns nie gesprochen. Es gab immer alles. Von den Möweneiern, die uns zustanden, von denen es in guten Zeiten 10 000 Stück pro Jahr gab und von denen nur die dritte Brut für den Nachwuchs in den Dünen liegenblieb – falls sie nicht gestohlen wurden –, bis zu den Enten und Gänsen. Manchmal hat mein Bruder bei einem einzigen Rundgang im Watt zehn Gänse geschossen und mit nach Hause gebracht. Heute gibt es keine Gänse mehr und kaum noch Enten. Und nicht zu vergessen unseren geräucherten Hammelschinken. Seeleute haben oft in List festgemacht, auf dem Weg zu ihrem Heimathafen, und den Schinken mitgenommen. Wenn wir zu viele Enten hatten, sind wir auch rüber aufs Festland, mit dem Schiff, haben die Enten in einen Wagen gepackt und dann von Haus zu Haus verkauft. Eine Mark kostete das Stück, manchmal auch nur 80 Pfennig."

Vor dem Ersten Weltkrieg ist Inken zu Bekannten nach Wiesbaden gefahren, hat dort in einem Pastorat gelebt. Sie war nämlich mit einem jungen Pfarrer verlobt und wollte sich auf ihre Aufgaben als künftige Pastorin vorbereiten. Bei Kriegsanbruch war sie allerdings wieder oben in List, wo inzwischen 7000 Soldaten stationiert waren: „In solchen Zeiten mußte man zu Hause sein." Gemeinsam mit dem Vater hat sie die Bürgermeisterei geleitet und sich um die Post gekümmert. Der Verlobte ist bald nach Kriegsbeginn gefallen, und Inken hat sich ganz in die Arbeit gestürzt.

Diese Inken war es, die Gerhart Hauptmann dann kennenlernte, ein hübsches Mädchen von 22 Jahren und mit beiden Beinen fest auf der Erde stehend. Mag schon sein, daß seine Inken, die Gärtnerstochter, nach diesem Vorbild geformt wurde.

Nach dem Ersten Weltkrieg wurde List wieder leerer, die Kasernen standen verwaist da, und es kamen wieder Kurgäste. In einen von ihnen verliebte sich Inken, in den Wiener Arzt von Hattingberg. „Er war mein Strandgut", sagt sie heute lachend. Die beiden haben im Betsaal geheiratet, hinter dem Klassenzimmer in der Schule, und wenn bei der großen Hochzeitsfeier anschließend jemand auf friesisch gratulierte, übersetzte Inken das ins Deutsche, und der Bräutigam bedankte sich. Es war ein großes Fest, und alle Lister waren dabei. Auch der Knecht, der die Kinder des Königsbauern Diedrichsen bei hohem Schneefall im Winter manchmal zur Schule getragen und den man aus den oberen Fenstern des Hauses herausgelassen hat, weil die Tür hoch zugeschneit war.

Mit ihrem Mann ist Inken dann 1922 nach München gezogen, wo er als Arzt arbeitete. „Als ich mich in München anmeldete, sagte der Beamte: Was, Inken? Das ist doch wohl der Name Ihres Vaters. Nein, habe ich gesagt, das ist mein Name. Mein Vater heißt Niels und die Mutter Brunhilda, und bei uns oben heißt man eben so. Da war der Bayer wohl völlig verwirrt und hat meinen Namen ohne weiteren Widerspruch eingetragen."

In der Kampener Vogelkoje wurden noch bis in die zwanziger Jahre dieses Jahrhunderts in reusenähnlichen Netzen die Enten gefangen, bis zu 800 pro Tag. Das Netz verengte sich, den Tieren blieb kein Weg zurück. Vogelkojen, errichtet auf den Rastplätzen der Enten, sind heute auf Sylt nicht mehr in Betrieb

Während sie im fernen München war, hat Inken ihr List nicht vergessen. In jedem Sommer kam sie für sechs Wochen nach Hause. Es gibt ein fast vergilbtes Foto aus dieser Zeit, da spaziert sie mit einem Sonnenschirm aus Bast, ihren beiden Kindern und dem „Strandgut" von Hattingberg auf der inzwischen befestigten Straße vor dem elterlichen Bauernhof. Den hatten sie und ihre Brüder schon 1919 von den Eltern bekommen, und bis zur Hochzeit hat Inken den Hof mitbestellt: „Das war keine Arbeit, das habe ich ja von Kind auf gelernt."

1946, ein Jahr nach Kriegsende, kam Inken endgültig wieder nach Hause, und seitdem hat sie Sylt nur noch selten verlassen: „Ein paarmal war ich auf der dänischen Insel Rømø oder in Niebüll auf dem Festland." Ihr Vater, erzählt sie, hat einmal in Hamburg so gewaltiges Heimweh bekommen, daß er es nicht mehr aushalten konnte und nach ein paar Tagen wieder in List war. Ab und zu fährt sie nach Keitum oder nach Kampen, wo alte Freunde und Verwandte leben; sie sagt dann: „Ich fahre nach Sylt." Für die Lister Bauern nämlich war die Grenze nach Sylt, wie sie es verstanden, etwa an der Blidsel-Bucht, und davor war eben ihr Land. Von Bayern hat Inken nur schöne Erinnerungen mitgebracht, und manchmal, wenn sie aus ihrem Gartenfenster blinzelt, können die Lister Wanderdünen aussehen wie die schneebedeckten Alpen.

Inken von Hattingbergs Mann war nach dem Krieg mitgekommen, hatte in List im Laufe der Jahre sogar gelernt, Friesisch zu lesen, obwohl er beim Sprechen, sagt Inken, stets Schwierigkeiten behielt. Er ist auf Sylt gestorben und begraben. Inken, die heute an Krücken geht, weil ihre beiden Knie steif sind, sät im Garten hinter ihrem kleinen Haus noch alles selber, nur ernten kann sie nicht mehr, wegen der Knie. Da hilft ihr dann die Tochter Caren, mit der

Durch das Tor aus den Knochen eines Wals, erbaut von Inkens Vater, konnte auch ein vollbeladener Heuwagen fahren. Die Felder und Wiesen sind heute parzelliert und bebaut, das Tor steht längst nicht mehr

sie zusammenlebt – die Tochter ist Ärztin geworden in List und will auch nicht mehr weg. Aber die heile Welt der Inken von Hattingberg geborene Diedrichsen ist List längst nicht mehr.

Heute zählen die Gemeindeväter pro Jahr stolz 211 816 Übernachtungen, und das ist eine Zahl, die Inken sich gar nicht mehr vorstellen kann. Sie lebt mehr in der Erinnerung an jene Zeiten, als die zwölf Kinder des Dorfes in einer Schulstube unterrichtet wurden und die meisten Kinder auch noch miteinander verwandt waren. Sie lebt mit den Jahreszeiten, den Strandkorb stellt sie noch vor Ostern in den Garten und holt ihn erst im späten Oktober wieder rein. Wenn Stürme toben, sitzt sie in der Stube bei einer Kerze, und wenn der Wind an den Fenstern und Türen rüttelt, sagt sie, daß sie aufbleiben müsse, weil man nicht wissen könne, wie es weitergeht.

Und sie weiß, wovon sie spricht. Als bei der Sturmflut 1962 gegen Mitternacht plötzlich kein Fenster mehr klapperte und keine Tür, sind Inken und ihr Mann schlafen gegangen. Da war sie sicher, daß für List keine Gefahr mehr bestand, daß nun weiter im Binnenland die Menschen um ihr Leben fürchten mußten. In Hamburg sind damals über 300 Menschen ertrunken.

Der Birnbaum im Garten, den viele Stürme haben krumm wachsen lassen, wird von einem Walfischknochen gestützt. Das erkennt man kaum noch, weil der schon genauso aussieht wie der Baum, dunkel und verwittert, ganz wie altes Holz. Auf einem Foto von der Jahrhundertwende sieht man einen Knecht der Diedrichsens, der ein Tor aus Walfischknochen durchfährt: „Das hat mein Vater gebaut, aber so hoch, daß gefüllte Heuwagen durchfahren konnten."

In München ist Inken von Hattingberg nach ihrer endgültigen Heimkehr nie wieder gewesen, aber die Bauerstochter hat Freunde vermißt: „Die hätten mal bei uns sein müssen, wenn wir uns im Winter hier zusammengesetzt haben, beim Aufsitzen. Da traf man sich abends ab zehn Uhr, und da gab es dann Kaffee oder Tee und das Gebäck, das wir Weihnachten gebacken hatten, 16 verschiedene Sorten und immer so viel, daß es mindestens bis Pfingsten reichen würde. Und dann wurde erzählt und auch vorgelesen, und natürlich alles auf friesisch. In unserem Friesisch; das von Sylt verstehen die von Amrum schon kaum mehr und die von Föhr auch nicht. Mit denen aus Helgoland können wir uns verständigen, wie das kommt, das hat hat noch keiner klären können. Und nach dem Kaffee und dem Tee gab es dann morgens gegen ein Uhr Brote mit Schinken und Käse und Entenfleisch und was sonst noch alles in unseren Vorratskammern war. Das Aufsitzen dauerte oft bis morgens um vier Uhr, und das ging im Winter bei jedem reihum. Aber auch das ist eingeschlafen, seit die Leute lieber fernsehen."

Wenn Inken von Hattingberg erzählt und dabei im Album mit den alten Bildern blättert oder einen der schönen chinesischen Teller zeigt, die Seefahrer aus fernen Ländern mit nach List brachten, oder die Messinggefäße, in denen einst glühende Kohlen lagen und die den Frauen von Sylt beim Kirchgang die Füße wärmten, dann ist alles für sie wieder Gegenwart. Denn von der wirklichen Sylter Gegenwart mag sie nichts wissen. Westerland ist für sie eine fremde, häßliche Welt, und daß die meisten Friesen ohne Fremdenverkehr arm geblieben wären, will sie nicht gelten lassen: „Wir hatten alle immer unser Auskommen, und das wäre auch so geblieben. Aber seit wir den Hindenburgdamm haben, ist Sylt keine Insel mehr."

Sie hat fast 25 Jahre in München, in der für Lister Verhältnisse großen weiten Welt gelebt. Sie hat dort an der Seite ihres Mannes, mit dem sie in List einst die grüne und dann wieder die goldene Hochzeit gefeiert hat, glanzvolle Feste erlebt und große Bälle, Opernaufführungen und Konzerte – und ist stets das Mädchen von Sylt geblieben, das seine Dünen und sein Meer nie vergessen konnte und auch nie vergessen wollte.

Sie hat aus dieser Münchner Zeit den singenden Tonfall des Bayrischen behalten, und darin klingt ihre herbe norddeutsche Sprache liebenswert wie ein Stück katholischer Diaspora im protestantischen Norden. Sie hat ihre funkelnden Augen bewahrt, und ihr Haar geht immer noch bis zur Hüfte, doch sie trägt es im Knoten hinten statt in Schnecken über den Ohren wie damals, als ihr Gerhart Hauptmann gegenübersaß. Wenn sie vors Haus tritt, steht sie da wie dort gewachsen, und nichts könnte je an diesem Bild friesischen Lebens etwas ändern, nicht einmal der Kurgast von nebenan. Sie wird ihr Leben dort beenden, wo es in jener stürmischen Nacht des Jahres 1893 begonnen hat.

Solange es noch die Inken Diedrichsen gibt, kann Sylt nicht sterben. Auch wenn das Sylt der Inken Diedrichsen längst gestorben ist.

Strandkörbe vor dem Roten Kliff in Kampen. Nur morgens um sieben ist die Welt noch so leer und in Ordnung

Die reetgedeckten, fast gleichförmigen Ferienhäuser von Mellhörn stehen auf dem Grund der Listlandbesitzer, die dieses Gebie

ı den sechziger Jahren für 650 000 Mark verkauften

Der Seenotrettungskreuzer „Hörnum" verläßt im Novembernebel den Hafen

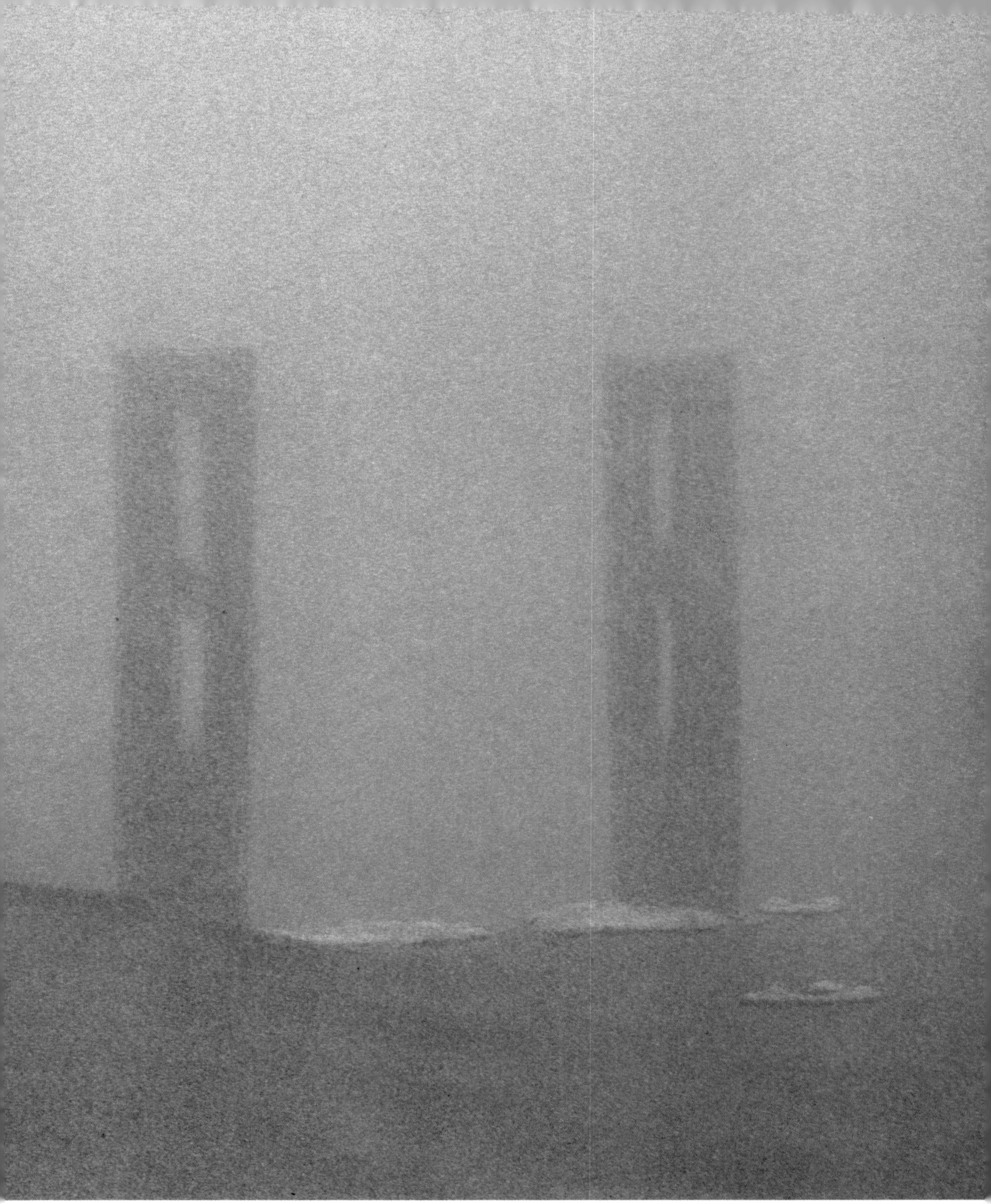

Jedes Jahr im Sommer feiern die Ringreiter von Sylt ihr großes Fest und erstreiten ihren König

Privatweg

Kampen von oben: durchfurcht von Trampelpfaden die Dünen, unzählige Sandburgen am Strand, der Blick reicht vom offene

leer bis zum Watt

Westerland war bis zum Zweiten Weltkrieg das Seebad der Prominenz: Hans Albers im gestreiften Bademantel, Willy Fritsc

n Arm des Freundes, Max Schmeling im altmodischen Badeanzug und Marlene Dietrich mit Tochter

Die Nackten und Halbnackten am Kampener Strand – vor 20 Jahren noch Sensation, heute Inselalltag

Wildenten im Morgenlicht auf der einsamen Marsch zwischen Morsum und Archsum

Das Morsum-Kliff besteht aus sieben verschiedenen Gesteinsschichten. Naturschützer versuchen heute Touristen davon

bzuhalten, das weiche Gestein mit dem Meißel zu bearbeiten

Wer auf der Insel das Sagen hat und wie man zu Macht und Geld kommt

Die Kurdirektoren
Freimaurer, Rotarier,.
Lion's Club, Söl'ring Foriining
Die Strandvögte
Der Aufsteiger

Die heimlichen Herrscher über Sylt sind nicht etwa die Bürgermeister der einzelnen Gemeinden, die Vorsitzenden der Parteien oder gar der Verband Sylter Unternehmer. Das sind vielmehr die Kurdirektoren; denn die besorgen das Geschäft, von dem Sylt so gut lebt. Zwerg Alberich unter diesen Schatzhütern der brav entrichteten Kurabgaben von rund 4,5 Millionen Übernachtungen im Jahr ist Hans Petersen aus Westerland, auch „Hansi Pe" genannt, um ihn von den vielen anderen Petersens auf Sylt zu unterscheiden. Die Petersens, die Hansens, die Jürgensens usw. haben alle Beinamen, weil es von ihnen einfach zu viele gibt und der Familienname längst zum Gattungsbegriff geworden ist. So heißt der Zimmermann Johnny Verschnitt, der Milchmann Uwe Butter, der Tierarzt Claus Doktor, der Beerdigungsunternehmer Peter Leiche.

„Hansi Pe" nun ist nicht nur eine Sylter Größe. Hansi ist sogar überregional durch allerlei Skandale wie das geplatzte Hochhaus-Projekt „Atlantis" oder den Bericht der Rechnungsprüfer über Fehlbestände im Kurhaushalt Westerland bekanntgeworden. Aber Hansi Pe paßt in die Goldgräbermentalität derer von Westerland, so leicht wirft ihn nichts um. In der „Sylter Rundschau" schreibt er Fußballberichte unter dem Pseudonym Bastian, das natürlich jeder kennt, im selben Blatt ist seine Frau Carla – Kenname Carla Kultur – Redakteurin, allerdings nicht zuständig für Westerland. So feine Unterschiede beachtet man wohl. Hansi Pe ist des öfteren totgesagt worden, aber immer wieder aus der Versenkung aufgetaucht, und die Zentren der Macht von Sylt hat er nie verlassen. Allenfalls mal ein paar Monate lang von sich kein Aufsehen gemacht, was ihm verdammt schwerfiel.

Seine Feinde, und von denen hat er jedenfalls kaum weniger als Freunde, müssen immer noch zähneknirschend zugeben, daß sie Hansis Eloquenz und Geschicklichkeit nicht gewachsen sind. Hansi Pe war sogar schon gefeuert worden – diese Sensation hatten die Rechnungsprüfer mit ihrer Revision produziert. Beim Arbeitsgerichtsprozeß jedoch ertrotzte Hansi Pe sich seinen Stuhl als Kurdirektor wieder zurück, auch wenn ihm sicherheitshalber ein gleichberechtigter Kaufmann zur Seite gestellt wurde.

Hansi Pe, der Prototyp des modernen Westerländers, könnte sich samt Zigarettenspitze und Ziertuch während einer Sturmflut in die Brandung stellen und den Wellen unmißverständlich bedeuten, sie sollten um ihn lieber einen großen Bogen machen. Denn umzuwerfen sei er doch nicht.

Im Vergleich zu Hansi sind die Kurdirektoren der anderen Inselgemeinden gewöhnliche Zeitgenossen, ausgenommen Hans Eckert aus Kampen. Sie widmen sich ihren Aufgaben zum Wohle des Gemeinwesens. Sie kassieren die tägliche Kurtaxe von jedem Fremden auf der Insel – zwischen 2,50 Mark in Hörnum und vier Mark in We-

Der Blick aufs Meer bei Westerland kostet zur Saison vier Mark. So teuer ist die tägliche Kurtaxe in Westerland. Wer keine Kurkarte vorweisen kann, muß für vier Mark eine Tageskarte lösen, auch wenn er nur mal kurz frische Strandluft atmen möchte

sterland – und bieten dafür auch allerlei von dem, was nach ihrer Meinung der Kurgast sonst auf Sylt vermissen würde: Kurkonzerte in der Konzertmuschel auf der Westerländer Strandpromenade, wo Kapellen aus meist osteuropäischen Staaten (die sind nämlich billiger) frohe Weisen walzen, manchmal auch niederwalzen; Kurmittel wie Becher mit Meerwasser, das ja nicht nur bei äußerer Anwendung reinigende Wirkung hat. Auf „Kurpromenaden" lassen sie lustwandeln; im jeweiligen Kurzentrum eines Ortes – je nach Gemeindegröße eine Stube oder ein mehrstöckiges Gebäude – wandelt sich die Lust am Meer in dösige Gemeinschaftserlebnisse im Fernsehraum oder im Lesesaal um. Als Kurmittel gelten auch die verschiedenen Wellenbäder auf der Insel, meist im jeweiligen Kurzentrum angeboten, dem Denkmal des jeweiligen Kurdirektors.

Und daraus läßt sich schon auf die Persönlichkeit des Herrn Kurdirektors schließen: ein pompöser Zweckbau in Westerland, ein heimeliges Friesenhaus in Kampen, je ein fürchterliches „Haus des Kurgastes" in Hörnum und List, bei denen allgemeingültige Geschmackskriterien nicht mehr anwendbar sind. Die Beton-Glas-Klötze, die so gut auf die Insel Sylt passen wie Kamele in den Hühnerstall, hätten eigentlich längst abgerissen werden müssen, wenn der Begriff Landschaftsschutz ernst genommen würde. Der ausführende Architekt Werner Mangelsen, von Syltern auch böse Mängelsen genannt, verteidigt sich achselzuckend: „Bei *den* Bauvorschriften und bei *dem* Etat war mehr einfach nicht drin." Er selbst wohnt im wiederhergestellten friesischen Geburtshaus von Uwe Jens Lornsen in Keitum.

Die Kurtaxen der Syltbesucher werden aber nun nicht nur für Dinge verplempert, deren Sinn allenfalls Kurdirektoren auf den ersten Blick einleuchtet. Von der Kurtaxe bezahlen die Gemeinden

Anschaffungen wie Parkbänke und Strandkörbe –, von denen einer 700 Mark kostet, was sich freilich schon in einer guten Saison amortisiert –, Rettungsschwimmer und die Kurverwaltungen.

Übrigens: Die Kurverwaltungen helfen auch gern jedem weiter, der kein Quartier auf der Insel findet. Weil der Obdach Begehrende, falls er übernachtet, schließlich Kurtaxe bezahlt. Und die wird auf Sylt immer wieder gern genommen.

Freimaurer, Rotarier, Lion's, Söl'ring

Hartnäckig hält sich wiederum das Gerücht, daß ein paar Männerbünde Sylt regieren und die mächtigen Kurdirektoren nur vorgeschobene Strohmänner für ein Kartell zwischen Freimaurern, Rotariern, Mitgliedern des „Lion's Club" und der „Söl'ring Foriining" seien. Zuviel der Ehre. Daß Hansi Pe Freimaurer ist und außerdem Kurdirektor in Westerland, ist ein Zufall, er könnte auch Rotarier sein und Mitglied im Kirchenvorstand. Daß Werner Mangelsen, Chef der Sylter Rotarier, die beiden „Häuser des Kurgastes" bauen durfte, liegt einfach daran, daß er Architekt ist. Daß Westerlands dreißigjähriger Bürgermeister Volker Hoppe von der CDU-Mehrheit gewählt wurde, ist in seiner Jugend begründet und nicht darin, daß er mal bei einem Vortrag vor den Rotariern einen so guten Eindruck machte, usw.

Die Sylter Freimaurerloge „Frisia zur Nordwacht" ist 1917 von einigen Soldaten gegründet worden, die während des Ersten Weltkriegs auf Sylt stationiert waren und schon in ihren Heimatstädten zu den Freimaurern zählten. Richtig ist, daß manch einer der 57 Sylter Freimaurer zugleich Mitglied einer Partei ist oder in einem Gemeindeparlament sitzt. Der ehemalige Logenmeister und heutige einfache Freimaurerbruder Klaus Hansen aus Westerland, daselbst als Versicherungsvertreter tätig, will von der Macht der Freimaurer nichts wissen: „Auf der Insel werden Persönlichkeiten gewählt. Und nicht Freimaurer von anderen Freimaurern auf einen Posten gehievt. Das Gerücht, daß wir Sylt regieren, kann nur vom Festland kommen." Und er sagt das so, als wohne der Teufel nicht in der Hölle, sondern in der Tat auf dem Festland.

Hans Petersen, Kurdirektor von Westerland

Geheimnisvolles haben die Freimaurer denn auch nicht zu bieten – für ihre Ideale Wahrheit, Menschenliebe, Selbstkritik und Duldsamkeit könnte sich jeder begeistern. Ein Christ zum Beispiel. Auch bei dem seltsam klingenden Logennamen „Frisia zur Nordwacht" kann mit einer dunklen Geschichte nicht gedient werden: So hieß die Kneipe hinter Westerland, in der sich die ersten Freimaurer von Sylt trafen. Wie so viele Freimaurer auf der ganzen Welt haben sie den Namen ihrer Loge nach dem Ort ihrer Begegnungen gewählt.

Der andere Männerbund, der „Lion's Club", beschränkt sich nach eigenen Angaben darauf „Gutes zu tun und vor allem darüber zu schweigen". Die Löwen treffen sich jeden Dienstag im Hotel Stadt Hamburg und reden dann intern darüber. Ganz anders die Rotarier, die es auf Sylt erst seit acht Jahren gibt und die sehr gern darüber reden, wenn ihnen eine gute Aktion eingefallen ist. Strenge Regeln haben den Verein – schon bei einer Gegenstimme gilt ein Kandidat als abgelehnt – auf nur 28 Mitglieder anwachsen lassen, „aber im Sommer vergrößern wir uns durch die vielen auswärtigen Rotarier leicht auf 60 bis 70 Leute", sagt Präsident Werner Mangelsen. Die Ziele der Rotarier: Sie wollen gemeinsam mit der Björn-Steiger-Stiftung zehn Notrufsäulen auf der Insel errichten und dafür 100 000 Mark ausgeben. Außerdem unterstützen sie die Bemühungen zur Rettung der Sylter Landschaft. Auf 500 000 Handzetteln, die während der letzten Saison an die Sylter Kurgäste verteilt wurden, haben sie ein fiktives Gespräch zwischen Naturschützer und tumbem Touristen aufgeschrieben, um klar zu machen, daß der Bestand Sylts auf dem Spiel steht. Text der Rotarier-Mahnung:

Noch ein paar so tolle Stürme, und die Insel ist weggepustet, sagt die junge Frau, zupft einen Halm aus dem Strandhaferbüschel und kitzelt ihren Mann, der reglos in der Sonne brät. Das Kind rutscht derweil die Dünen herunter, krabbelt hoch, rutscht wieder abwärts, hat schon eine richtige Bahn gezogen. „Sie tragen dazu bei", sagt der Fremde. „Wozu?", fragt die junge Frau erstaunt. „Der Strandhafer, den Sie gedankenlos ausreißen, hält den Sand fest. Wenn jeder Feriengast auch nur einen einzigen Halm ausreißt, hat die Düne bald eine Glatze. Und aus der Bahn, die Ihr kleiner Sohn dünenabwärts zieht, bläst der Sturm eine Schneise. Auch kleine Sünden gefährden die Insel. Nichts für ungut ...", denn die weiten Strände, die Urlandschaft der Heide und Dünengebiete auf Sylt werden nicht nur durch die See und den Sturm bedroht und in ihrer Substanz reduziert, auch der unachtsame Reiter, der Dünenwanderer oder spielende Kinder können großen Schaden anrichten. Strandhafer wird angepflanzt, um den Sand zu binden. Aber Strandhafer, der unachtsam zertreten wird, kann diese Aufgabe nicht mehr erfüllen. Sicher, ein zertretener Halm ist nichts – aber bei Hunderttausenden von Urlaubern können es viele, zu viele sein.

Soweit die Rotarier. Auch die 1902 gegründete „Söl'ring Foriining" (friesisch: Sylter Vereinigung) kümmert sich in der Hauptsache und vehement um Naturschutz. Der „Verein zur Erhaltung und zum Schutze von Küste, Landschaft und Volkstum der Insel Sylt" wird aber auch dann aktiv, wenn neue Bebauungspläne anstehen oder die Erhöhung der Gästebettenzahl diskutiert wird. Als das unselige „Atlantis"-Projekt in Westerland Furore machte, hat der damalige Söl'ring-Vorsitzende Claus Andersen, Tierarzt aus Keitum, zum erstenmal in seinem Leben demonstriert. Wie man weiß, ist Atlantis nie gebaut worden. Alle alteingesessenen Sylter, die etwas auf sich halten und von denen etwas gehalten wird, sind Mitglied der Söl'ring. Aber auch Kurgäste können dem Verein beitreten, denn die Erhaltung der Sylter Landschaft geht ja inzwischen tatsächlich alle an.

Was also ist geblieben von der Mär über die mächtigen Männerbünde von Sylt? Die einen tun Gutes und reden nicht darüber, die anderen tun Gutes und drucken Handzettel darüber. Die einen kämpfen gegen Hochhäuser und für Landschaftsschutz, die anderen pflegen Nächstenliebe. Wenn sie wirklich Macht hätten, müßte es auf der Insel ja ganz anders aussehen.

Die früheren heimlichen Herrscher auf Sylt, die Strandvögte, waren da doch ganz andere Kerle.

Strandvögte

1667 erläßt Herzog Christan Albrecht für Sylt eine Strandordnung und bestellt zwei Strandvögte, den von Westerland und den von Rantum. In List sind die Festebauern gleichzeitig Strandvögte, nach Kampen wird erst sehr viel später ein Strandvogt geschickt. Seit langem gilt Sylt bei den Seefahrern als Schreckensgebiet: Die Schiffe werden mit falschen Lichtzeichen an den Strand gelockt, bis sie kentern. Dann wird die Besatzung totgeschlagen, in den Dünen verscharrt und die Ladung des Schiffs unter die Strandräuber verteilt. Vor allem in den unwirtlichen Dünengebieten von Hörnum und Rantum halten sich Seeräuber und Strandpiraten versteckt. Daß die Pastoren, als eine Art Schreibtischtäter, in den Sylter Kirchen den Segen Gottes für „unseren Strand" herabgefleht und da-

Die „Adrar" strandete 1935 zwischen Kampen und Wenningstedt. Bald entstand das Gerücht: Das Schiff hat Waffen für Abessinien geladen (was nicht stimmte). Erst nach zehn Monaten gab die Reederei das Schiff auf und ließ es zum Verschrotten abschleppen. Seitdem heißt dieser Strand „Abessinien"

mit gemeint hätten, der liebe Herrgott solle möglichst viele Schiffe mit reicher Beute an der Westküste stranden lassen, wird in alten Kirchenchroniken aufs heftigste bestritten. Das seien vielmehr nichts als demütige Appelle an Gottes unerforschlichen Ratschluß gewesen: Wenn es dem Herrn gefalle, was natürlich kein Grund zum Jubeln ist, aber wenn es ihm denn schon gefalle, ein Schiff stranden zu lassen, dann doch bitte an unserem Strand und nicht gerade auf Amrum.

Und die Strandvögte hatten nun dafür zu sorgen, daß, falls ein Schiff strandet, die Retter sich erst um die Besatzung und dann erst um die Fracht kümmerten. Früher war es meist umgekehrt gewesen, und die Sylter haben ihre Beute auch als verdienten Ausgleich dafür angesehen, daß sie so sehr unter der Gewalt des Meeres zu leiden hatten. Besonders arg trieben es die Rantumer. Der Sylter Strandvogt Nils Bohn etwa ist bei seiner Hochzeit 1694 von betrunkenen Gästen erschlagen worden.

Die 1667 erlassene Verordnung für Strandvögte enthält genaue Anweisungen: Der Kapitän eines gestrandeten Schiffes muß zunächst der Rettung seines Schiffes zustimmen. Dann gibt der Strandvogt den Befehl, die Besatzung zu retten und die Ladung zu bergen. Das angeschwemmte Gut – lebende Schweine, Tabak, Kaffee, Rum – wird gesammelt und am Strand versteigert. Den Erlös teilen sich Strandvogt und Herzog, der Vogt bekommt ein Drittel, der Herzog zwei Drittel der Einnahmen. Von seinem Drittel muß der Strandvogt seine Helfer bezahlen.

Broder Hansen Decker, Strandvogt aus Westerland, hat 1813 in einem Brief an den dänischen König die Arbeit der Strandvögte beschrieben: „Die hiesigen Strandvögte haben in der That ein sehr beschwerliches und wenig einträgliches Amt. Täglich muß jeder seinen District, der 1 oder 2 Meilen lang ist, begehen, und zwar meistens in Sturm und Regen, weil gerade zu einer solchen Zeit sich am Strande etwas erwarten läßt. Höchst selten finden sie etwas, und bei den gegenwärtigen, schon so lange stattgefundenen Conjunkturen fast gar nichts, wie aus meinen an die hohen Behörden abgestatteten Berichten genug erhellte."

Andere Strandvögte beschweren sich darüber, daß sie kein festes Gehalt bekommen, sondern nur Gebühren vom angeschwemmten Strandgut. Und falls mal nichts anschwemmt, gehen sie leer aus. Dennoch sind sich die Strandvögte sehr wohl ihrer Macht bewußt und nützen ihren Einfluß. Von einem guten Strandvogt hängt ab, ob auch seine Helfer etwas verdienen, und wer die zufriedenstellt, ist ein angesehener Mann.

Heute stranden Schiffe, dank moderner Navigation, dank Radar, dank Funk, nur noch selten. Die großen Schiffe umfahren die Westküste Sylts in einer solchen Entfernung, daß sie kaum am Horizont auszumachen sind. Was heute an den Strand geschwemmt wird, sind

Bruno Hansen hat gut lachen als ehrenamtlicher Strandvogt von Rantum. Seine Aufgabe beschränkt sich auf die Bergung von angeschwemmtem Plunder – leeren Kisten, Planken, Fässern – die er mit seinem geländegängigen Wagen abtransportiert. Sein Geld macht er mit Strandkörben, Parkplätzen und Vermietungen

alte Bretter, Plastikbehälter, Flaschen oder vergammelte Kisten. Ein Strandvogt kann heutzutage am Sylter Strand tatsächlich nichts mehr verdienen.

Wenn er nicht nebenbei ein Restaurant besitzt, ein Gästehaus und ein paar Hundert Strandkörbe. Wie Bruno Hansen zum Beispiel, der Strandvogt von Rantum.

Der Aufsteiger

Man hatte mir erzählt, daß Bruno Hansen aus Rantum ein äußerst geschickter Mann sei. Das hatten Sylter gesagt, die auch nicht gerade auf den Kopf gefallen waren. Also durfte ich mir vorstellen, daß mich eine Art Meister aller Sylter Klassen erwarte. Er sei einer jener rotgesichtigen Heiden, die lieber mit dem Teufel paktieren als nur einen Pfennig verschenken. Beleg dafür: Sein „Samoa"-Parkplatz am gleichnamigen Rantumer Strand. Hier vergebe er Jahresabonnements für Parkplätze, die man schließlich nur im Sommer brauche. Ein glänzendes Geschäft also für Bruno Hansen. Außerdem sei er die graue Eminenz der Rantumer CDU, für die er gerade wieder ins Gemeindeparlament eingezogen ist. Der Strandvogt von Rantum, Besitzer einer wunderschönen Segelyacht, sei sicher auch schon Millionär. Und überhaupt hätten die von Rantum in der Sylter Historie noch nie einen guten Ruf gehabt, noch nie.

Doch bei allen, die so mit mir über Bruno Hansen redeten, war eine Art neidvolle Bewunderung oder bewundernder Neid zu spüren, im calvinistischen Sinn: Wer so viel guten Geschäftssinn hat, über den muß der liebe Gott seine Hand gehalten haben. Verdammt noch mal.

Der Mann, dem ich schließlich gegenübersitze, hat ein von roten, zum Teil geplatzten Äderchen durchzogenes volles Gesicht, und

Die vier Rantumer Watthäuser zählen zu den ältesten Gebäuden auf Sylt. Sie wurden nach Sturmfluten und Sandflug an der sicheren Wattseite gebaut, aber die „Jahrhundertflut" von 1962 setzte auch diese Häuser unter Wasser. In einem davon, der umgebauten Strandvogtei, wohnt Bruno Hansen

auch der Glanz auf seiner Nase läßt vermuten, daß ihm ein guter Tropfen allemal den letzten Schluck wert gewesen ist. Er ist 65 Jahre alt und hat das spärliche Haar straff nach hinten gekämmt. Wir sitzen im „Aufenthaltsraum für Gäste" in Bruno Hansens Haus, der Strandvogtei von Rantum. Das 200 Jahre alte Gebäude am Watt hat er 1955 seinem Onkel, der ursprünglich 12 000 haben wollte, für 3500 Mark auf Raten abgekauft. 20 Jahre lang hat der neue Eigentümer umgebaut und angebaut oder angebaut und umgebaut.

Niemand stört bei unserem Gespräch. In der Vorsaison ist es in Rantum noch leer wie überall auf der Insel, und nur dann haben die Sylter Zeit zu reden, in der Saison müssen sie Geld verdienen. „Jetzt sind nur ein paar Tschüs-Tschüs-Gäste hier", sagt Bruno Hansen verächtlich und zieht an seiner Zigarette, „so nennen wir die, die nur für ein paar Tage kommen, schnell wieder nach Hause fahren und auf der Insel kein Geld ausgeben wollen."

Letzteres hält Bruno Hansen für eine Unverschämtheit. Aber da weiß er sich mit fast allen Inselfriesen einer Meinung.

Bruno Hansen ist 1913 in Westerland geboren, wo sein Vater als Kellner im fashionablen Nordbad arbeitete. „Da kam die ganze Hautevolée hin", erinnert sich der Sohn. Vom gesparten Trinkgeld hat sich der Kellner Hansen in Tinnum eine Landstelle mit Kuh, Schwein und Geflügel gekauft, damit es auch zur Winterszeit, wenn das Nordbad geschlossen war, eine Erwerbsmöglichkeit gab. Tinnum bestand damals fast nur aus großen und kleinen Bauernhöfen – heute ist Tinnum ein Wurmfortsatz von Westerland und natürlich Luftkurort. In dem alten bäuerlichen Tinnum ist Bruno Hansen aufgewachsen und zur Schule gegangen. Hart arbeiten hat er da schon früh gelernt: „Wir haben zum Beispiel Wildgänse in großen Netzen gefangen, 25 Meter lang und vier Meter breit, gesponnen aus feinstem Garn. Die haben wir selber geknotet, unsere Mutter hat uns das beigebracht. Damals gab es Tausende von Wildgänsen auf Sylt. Gänse sind ja Grasfresser, und heute gibt es zuwenig Gras hier, zuviel Sand, zu viele Häuser. Drum sind die Wildgänse auf Sylt heute eine Seltenheit. Na ja, wenn wir damals eine Ladung von Gänsen gefangen haben, haben wir sie auf den Blockwagen gelegt, sind nach Westerland gezogen und haben die Gänse in der Stadt verkauft, das Stück zu drei Mark."

Zweite winterliche Erwerbsquelle der Hansens waren die großen Reetfelder zwischen Tinnum und Rantum, untem am Watt. Da hatte der Vater ein Stück gepachtet, und alle sieben Kinder haben im Herbst und Winter helfen müssen, Reet zu mähen. Das wurde dann auch verkauft. „Heute", lacht Bruno Hansen, „müssen wir Reet für unsere Dächer aus Ungarn vom Plattensee einführen. Es wird zuviel gebaut auf Sylt, das eigene Reet langt nicht mehr. Auch hier auf der Strandvogtei liegt ungarisches Reet."

Der Besuch der Westerländer Mittelschule war finanziell für die Kellnerkinder nicht drin: „Da hätten wir zum Beispiel richtige Lederschuhe für den langen Weg gebraucht, und wir hatten nur Holzpantinen. Und Schulgeld hätte das auch gekostet, die zehn Mark im Monat hatte mein Vater nicht. So war ich eben mit der Volksschule zufrieden." Mußte damit zufrieden sein. Bruno trug Zeitungen aus, der Lohn wurde zu Hause abgegeben. Die Trinkgelder sparte er, und vom ersten Ersparten hat er sich ein Fahrrad gekauft. Da brauchte er nicht mehr zu Fuß nach Rantum, wo die Großmutter wohnte, oder nach Westerland, wo er nach der Schulzeit eine Lehre als Schlosser begann. Eine erstrebenswerte Zukunft schien ihm das nicht unbedingt zu sein, aber er durfte froh sein, überhaupt Arbeit zu haben. Für die meisten Sylter gab es nur während der Saison was zu verdienen. „In dieser Schlosserei haben wir fast alles gemacht. Die ersten Autos, die auf der Insel fuhren, haben bei uns getankt. Wir haben Heizungen in die ersten Ferienhäuser eingebaut und elektrische Leitungen gelegt. An unseren wachsenden Auftragsbüchern konnte man richtig sehen, wie auf Sylt die Neuzeit begann", erzählt der Mann, der durch die Sylter Neuzeit reich geworden ist.

Mit 20 Jahren begann Bruno Hansen zu fahren, auf einem Schiff namens „Welle", immer an der Küste entlang. Auch das ging nur im Sommer, denn die „Welle" war ein Ausflugsschiff für die Badegäste. Einen von diesen Badegästen hat Bruno Hansen 30 Jahre später wieder getroffen, als er auf seinem Parkplatz „Samoa" die Gebühren kassierte. Und natürlich hat er ihn gleich wiedererkannt. Das Gedächtnis für Gesichter hat er vom Vater, der als Kellner solche Begabung in Trinkgeld umzusetzen wußte. Nach der Sommer-„Welle" hat Bruno im Winter als Kraftfahrer Waren ausgefahren, dann bei einem Onkel in Wenningstedt als Schmied etwas dazugelernt, und schließlich haben sie ihn bei der Deutschen Verkehrsfliegerschule in List als Flugzeugtechniker genommen. Das war schon fast die große weite Welt. Und Bruno war zufrieden: „Die Flugboote waren tolle Dinger, schade, daß es die nicht mehr gibt." Sein Stundenlohn bei der Flugwerft betrug geradezu fürstliche 1,18 Mark, und das Wohnen auf dem Fliegerhorst war auch noch frei.

Für die Jahre im Zweiten Weltkrieg unterscheidet sich die Biographie des Bruno Hansen in nichts von der anderer deutscher Männer seines Jahrgangs: Einsätze in von den Deutschen besetzten europäischen Ländern. Durchkommen, Glück haben, Überleben. Seinen letzten Marschbefehl hat er sich selber ausgestellt, Blankoformulare hatte er genügend: nach Sylt zurück. „Weil ich die Schnauze voll hatte vom Krieg und 1945 im April nicht noch irgendwo draufgehen wollte." Über den Hindenburgdamm ist er, schräg am Damm entlang, nach Hause gefahren, nachts natürlich und mit abgeblendeten Lichtern. Morgens um vier Uhr ist er bei den Eltern in Tinnum angekommen, und als dann am Tag seine Frau anrief, hat die Mutter gesagt: „Bruno ist da, er schläft noch."

Bruno war wieder dort, wo er als Schlosser angefangen hatte. Und der Krieg war auch bald vorbei. Es gab nichts zu essen und nichts zu

tun, Sylt war voller Flüchtlinge, und zur Erholung an die Nordsee kam im Sommer 1945 niemand. Als die Insel ein Jahr später von der britischen Besatzungsmacht für „dringend Erholungssuchende" freigegeben wurde, wurden in der ganzen Saison lediglich 15 000 Gäste registriert.

Da arbeitet Bruno Hansen schon wieder, sitzt als Seefunker auf dem Hörnumer Leuchtturm und bekommt dafür neben dem Lohn die gute See-Verpflegung, mit der er die ganze Familie durchfüttert, Frau und zwei Kinder. Die vier Hansens wohnen beim Bruder in Rantum. Drei Jahre lang bleibt er Seefunker, dann versucht er sich als Lagerverwalter, aber die Fabrik geht pleite. „Im Sommer habe ich mich mit Gelegenheitsarbeiten durchgeschlagen, mal als Taxifahrer, mal als Lieferwagenfahrer, mal als Schlosser. Im Winter war ich immer arbeitslos und ging stempeln. Zum Kotzen. Ich wollte weg, auswandern nach Argentinien, aber meine Familie wollte nicht so recht. Tja, da mußte ich eben bleiben."

Und da hat der Bruno Hansen was Eigenes angepackt. Schlimmer, als es schon war, konnte es eh nicht mehr werden. Er holte sich einen Gewerbeschein und bekam die Erlaubnis, am Strand von Samoa bei Rantum Körbe aufzustellen und zu vermieten. Das war 1955. An dem Strand, benannt nach dem Parkplatz, den ein ehema-

Mit der Imbißstube „Seepferdchen" am Rantumer Strand machte sich Bruno Hansen unter Eingeweihten einen Namen: Hier gab es die besten Eintöpfe, hier gab es den besten Kuchen an Sylter Stränden. Die Strandkörbe vermietete Bruno Hansen sozusagen nebenbei, heute besitzt er am Strand „Samoa" Hunderte davon

liger Seefahrer gepachtet hatte – der war mal auf Samoa gewesen –, hatte es bislang noch keine Strandkörbe gegeben. Die Badegäste waren hauptsächlich nach Westerland gegangen oder nach Kampen und die beiden Nacktstrände Ramtums „Samoa" und „Sansibar", sind erst 20 Jahre später „in" geworden, als die Glitzerkraft von Buhne 16 verblaßt war und nur noch um den Ruhrpott herum als Synonym für Sylt galt. Im Sommer vor Bruno Hansens erster Saison hatte man in Rantum 4370 Sommergäste gezählt, und die Zahl schien ausbaufähig zu sein, wenn man den Gästen auch etwas bot.

Und das wollte Hansen tun.

Im ersten Jahr leiht er sich in Hörnum 26 Strandkörbe und schafft sie nach „Samoa". Morgens um vier Uhr schon, mit dem geliehenen Trecker des Jan Peter Peters aus Tinnum, eines Nachbarn von früher, der heute noch Bauer und Deichvogt auf Sylt ist. Jan Peter braucht seinen Trecker aber morgens um sieben wieder, wenn für ihn die Feldarbeit beginnt. Also muß Bruno Hansen alles in den drei frühen Morgenstunden erledigen: Strandkörbe aus Hörnum holen, mit dem Trecker nach Samoa fahren, jeden Strandkorb auf den Schultern über die Dünen zum Strand tragen, und abends das gleiche zurück. In dem darauffolgenden ersten „eigenen Winter" verwaltet er ein paar Häuser von Feriengästen, das gibt pro Haus 200 Mark. Im eigenen Haus lebt er billig, und wie der Vater pachtet er ein paar Reetwiesen und mäht dort Reet. Das verkauft er auf der Insel. Und das Geschäft blüht, denn auf Sylt beginnt der Bauboom.

Im zweiten Sommer leiht er sich schon 52 Strandkörbe in Hörnum – mit dem Eigentümer muß er die Einnahmen teilen –, und im dritten Jahr sind es schon 75. Was, schnell auszurechnen, einer Geschäftssteigerung von knapp 200 Prozent binnen drei Jahren entspricht.

Strandkörbe sind Bruno Hansen nicht genug. Er wittert Zukunft in weiteren Dienstleistungen. Viele Sylter tun es Bruno Hansen nach, aber der ist bis heute fast allen immer um eine Nasenlänge voraus. Denn wenn am Mittag alle Strandkörbe vermietet sind, lobt er nicht den Abend, an dem er die Kasse nach Hause tragen kann, sondern setzt sich in den Rantumer Bus und macht bei Inselrundfahrten den Fahrer und den Fremdenführer zugleich. Bringt wieder Geld. Dann eröffnet er am „Samoa"-Strand einen Schnellimbiß, das „Seepferdchen", für den seine Frau den Eintopf zu Hause vorkocht und die Mutter den Kuchen backt, der ihm von den Gästen denn auch geradezu aus den Händen gerissen wird.

Der Imbißschuppen nebst zwei Aborten ist aus Brettern zusammengeschraubt, die sich im Winter wieder leicht abbauen lassen. Das Abwaschwasser holen sie aus dem Rantumer Becken, das Frischwasser bringt Bruno Hansen morgens in Kanistern von zu Hause mit. Die Exkremente der p.p. Strandgäste trägt er jeden Abend eimerweise in die Dünen, gräbt dort ein Loch und schüttet alles rein. Chlorkalk drauf und das Loch wieder mit Sand zugebuddelt. Mit der Zeit macht Bruno Hansen aus Scheiße pures Gold.

1959 leiht er sich Geld bei der Bank und kauft sich eigene Strandkörbe. Er pachtet den Parkplatz vor dem Strand „Samoa", und außerdem widerfährt dem Bruno Hansen im 46. Lebensjahr eine große Ehre: Er bekommt auf Lebenszeit Amt und Titel eines Strandvogts verliehen; sein Gebiet reicht von der Stadtgrenze Westerlands bis zur Spitze nach Hörnum. Für Hansen allerdings ist die angenehmste Seite seines Strandvogtamtes, daß man dabei nicht zuviel arbeiten muß. Denn auf seinem unaufhaltsamen Weg nach oben, als Gewerbetreibender Bruno H., hat er nun wirklich keine Zeit zu verschenken.

Sein Angebot an Strandkörben wächst von Jahr zu Jahr, ähnlich wie die Zahl der Kurgäste von Rantum (im Jahre 1977 schon 30 965). Längst schon vermietet Bruno Hansen im Anbau seiner Strandvogtei ebenfalls an die Gäste von Rantum, Zeit bleibt ihm keine mehr: „Nach der Saison zwei, drei Wochen Urlaub auf Teneriffa, das wir auch Tinnumriffa nennen, weil so viele Sylter hinfahren, dann geht es auch schon wieder los." Im Winter werden Strandkörbe ausgebessert oder neue angeschafft, in seinen Parkplatz Samoa investiert er noch einmal 130 000 Mark, damit auch was Ordentliches für die Zukunft herausspringt.

Strandkörbe hat Bruno Hansen heute 640 Stück, keinen geliehen, alle erworben und bezahlt. Für den Parkplatz nimmt er zur Saison pro Auto und Tag zwei Mark, und kassieren tut er auch noch selber, ebenso wie seine Frau noch das „Seepferdchen" betreibt. Die Strandkorbvermietung hat er einem seiner beiden Söhne übergeben, und jetzt, als reicher Mann von 65, will Bruno Hansen sich endlich einem Hobby widmen. Er will segeln, weil ihm das als Junge schon Spaß gemacht hat und er sich das nie hat leisten können. Drüben in Dänemark hat er sich ein großes, schönes Schiff gekauft. Daß er allerdings ganz mit der Arbeit aufhört, darf ausgeschlossen werden: „Im Gemeinderat geht es darum, Rantum zu entschulden. Die waren doch völlig verrückt hier. Ich glaube, Rantum ist die am höchsten verschuldete Gemeinde von Schleswig-Holstein."

Woher solche Schulden kommen, ist klar. Rantums Entwicklung zum Kurbad hat die öffentliche Hand gezwungen, immer mehr zu investieren, um immer mehr Kurgäste anzulocken. Die dann von den privaten Händen abkassiert wurden.

Auch Bruno Hansen ist am Aufschwung Rantums reich geworden. Er kann, wen wundert's, dem Fremdenverkehr auf Sylt keine schlechten Seiten abgewinnen: „Wir alle wären doch ohne Tourismus arm geblieben. Es gab doch sonst nichts zu tun auf der Insel." Bruno Hansen hat im richtigen Moment die richtige Idee gehabt – man nennt das freie Marktwirtschaft –, und schließlich nimmt er den Leuten das Geld nur für etwas ab, wofür sie ohnehin gern bezahlen.

Wunschkonzert des Kurorchesters in der Westerländer Konzertmuschel

Strand ohne Sandburgen und Strandkörbe - das gibt es auf Sylt nur noch am Ellenbogen

In den Glasfenstern des Westerländer Wellenbades, in dem die Brandung alle halbe Stunde automatisch eingeschaltet wird

spiegeln sich die Fassaden des modernen Seebades

Schafe auf dem Deich vor dem Lister Königshafen

Was die Insel zu zerstören droht und wie sie noch zu retten ist

Autos und Bauboom
Planungsverband
Die Naturschützerin
Küstenschutz
American Coast Guard
Meta, die Friesin

Es gibt idyllische Plätze auf der Insel, die man nur im späten Herbst oder im Winter findet. Im Sommer sind sie vollgestopft mit Autos, denn das Auto ist nach wie vor die billigste Möglichkeit, nach Sylt zu kommen. Von Niebüll aus verkehrt der Autozug 16mal am Tag, und der Durchschnittspreis für einen Mittelklassewagen liegt bei 80 Mark für Hin- und Rückfahrt. Kein Wunder, daß diese Strecke nach Westerland für die chronisch defizitäre Bundesbahn zu den wenigen „Gold-Gleisen" gehört. Billiger geht es über die dänische Insel Rømø, die durch eine Autostraße mit dem Festland verbunden ist. Vom dortigen Hafen aus fährt täglich zehnmal eine Fähre nach List, Hin- und Rückfahrt kosten nur 60 Mark.

Der Eigner der Lindinger-Fähren, Hugo Lindinger, ist nicht nur ein smarter und von sich selbst überzeugter Mann – „mich kennt jedes Kind in Dänemark" –, er bietet seinen Kunden außer kostengünstiger Überfahrt auch ein buntes Programm auf seinen Schiffen, zollfreien Einkauf, Musik von bordeigenen Bands. Als ein Käufer für den Lister Hafen gesucht wurde, dessen Unterhaltskosten von 100 000 Mark im Jahr der Gemeinde zu hoch wurden, meldete sich Lindinger sofort. Falls er den Zuschlag erhält, will er seinen Kunden den totalen Service bieten und direkt am Hafen ein Motel bauen lassen. Einwände der Landschaftsschützer braucht er nicht zu fürchten, ganz in der Nähe steht bereits das Lister „Haus des Kurgastes", und das ist schon scheußlich genug.

Bundesbahn und Lindinger betreiben ihr Geschäft so erfolgreich, daß während der Saison neben den 6500 auf der Insel zugelassenen Pkws fast 30 000 Autos von Kurgästen die Straßen verstopfen, beim Parken in den Landschaftsschutzgebieten an den Straßenrändern die Heide niederwalzen und die Abgase verbreiten, mit denen selbst der steife Westwind kaum noch fertig wird. Den forschen Autofahrern ist es auch gelungen, in den letzten zehn Jahren den Bestand an Rehen auf 15 Tiere zu dezimieren, die in der Saison totgefahrenen Karnickel zählt erst gar keiner. Nur in den Lister Dünen wird vorsichtiger gefahren. Da warnen Schilder vor kreuzenden Schafen, und wer eines davon überfährt, wird mit 300 Mark zur Kasse gebeten.

Planungsverband

Sylt ist ausgelastet; die Alarmstufe für den Umwelt-TÜV, wenn es ihn gäbe, ist erreicht. Das haben auch Sylter Bürger und Gemeindevertreter erkannt, doch zwei Seelen wohnen, ach, in deren Brust: Zwar sollen es bittschön nicht zu viele Fremde sein, aber bittschön möchte man auch genügend verdienen. Eine Kommission wurde gegründet, der Planungsverband Sylt, in der sich Vertreter aller Gemeinden jahrelang uneins waren. Auf eines hat man sich schließlich einigen können: Mehr als 100 000 Besucher sollen nicht unbedingt gleichzeitig nach Sylt kommen, und der „wilden Bebauung" muß ein Ende bereitet werden, um den dörflichen Charakter der Insel zu erhalten. Fromme Wünsche. Bis 1985, so der Plan des Planungsverbands Sylt, soll noch eine Gesamtwohnfläche von 281 105 Quadratmetern bebaut werden, was – bei einer Durchschnittsgröße von 140 Quadratmetern – rund 2000 Häusern entspricht. Davon stehen 1500 den Fremden, 500 den Einheimischen zu. Aber wohin mit so viel Beton?

Auch darüber haben sich die fünf Planer Gedanken gemacht und für jeden Inselort detaillierte Vorstellungen ausgearbeitet:

Sylt-Ost (Tinnum, Archsum, Morsum, Keitum): 15 385 Quadratmeter für Einheimische, 94 180 Quadratmeter für Fremde. Der Löwenanteil dürfte dabei an Morsum fallen, wo das meiste Bauland ausgewiesen ist und im Sommer 1978 auch schon kräftig zugeschlagen wurde. Bauvorschrift: eingeschossige Häuser mit ausgebautem Dachgeschoß, in Keitum außerdem Reetdach.

Hörnum: 15 050 Quadratmeter für Einheimische, 14 200 Quadratmeter für Fremde. Bauvorschriften: eingeschossig mit ausgebautem Dachgeschoß. Satteldach oder Walmdach.

Rantum: 644 Quadratmeter für Einheimische, 3830 Quadratmeter für Fremde. Vorschriften: eingeschossig mit ausgebautem Dachgeschoß, Reetdach, 25 Meter Abstand zum nächsten Nachbarn.

Westerland: 12 465 Quadratmeter Wohnfläche für Einheimische, 34 260 Quadratmeter für Fremde. Vorschrift: keine Hochhäuser – sonst ist alles erlaubt. Falls die Kreisbehörde in Husum die Genehmigung erteilt . . .

Wenningstedt: 3000 Quadratmeter für Einheimische, fast das Zehnfache, nämlich 26 430 Quadratmeter, für Fremde. Vorschriften: je nach Ortslage ein- und dreigeschossig.

Kampen: 3250 Quadratmeter für Einheimische, 19 960 Quadratmeter für Fremde. Bauvorschrift: das Kampener Ortsstatut.

List: 18 475 Quadratmeter für Einheimische, 19 975 Quadratmeter für Fremde. Vorschrift: eingeschossig mit ausgebautem Dachgeschoß.

Der Quadratmeterpreis für Sylter Bauland schwankt zwischen 250 Mark in Morsum und 500 Mark in Kampen.

Sylt bleibt auch nach diesen Plänen ein Paradies für Baulöwen vom Festland. Aber immerhin haben die auf der Insel eine Gegnerin, die schon mancher unterschätzt hat und dann bös auf die Nase gefallen ist. Klara Enss heißt die Dame.

Die Naturschützerin

Ihre Feinde sagen verächtlich: „Diese Clara Zetkin aus Braderup", ihre Freunde sagen: „Unsere Klara wird's schon richten." Dabei gehört die 56jährige Klara Enss weder zum Sylter Establish-

Klara Enss zog vor 23 Jahren vom Festland nach Sylt. Heute ist sie Vorsitzende der Naturschützer und der Sylter Bürgerinitiative. Mit viel Engagement verhinderten sie und ihre Freunde beispielsweise den Bau eines Hotels am Morsum-Kliff – der Kran stand schon bereit

Tausende von Syltern und Kurgästen demonstrierten 1971 gegen den Bau des geplanten Superapartmenthauses „Atlantis" in Westerland – mit Spruchbändern, Fackeln und flammenden Reden

ment, noch ist sie auf der Insel geboren. Und eines von beiden reicht normalerweise, um auf Sylt fern der Macht zu bleiben. Klara Enss aber ist die Mächtigste unter den Ohnmächtigen von Sylt, sie ist Vorsitzende der 800 Mitglieder zählenden Bürgerinitiative Sylt e.V. und Vorsitzende der „Naturschutzgemeinschaft Sylt/Nordfriesland".

Beide von Klara Enss präsidierten Vereinigungen verderben vielen Syltern die rechte Lebensfreude, nämlich das Geldverdienen mit der gottgegebenen Landschaft. Mancher Insulaner, dem Klara Enss in den letzten zehn Jahren ein lukratives Baugeschäft durchkreuzt hat, haßt die ehemalige Schauspielerin sogar. Doch Klara Enss sagt: „Damit muß man leben können."

Sie lebt seit 1955 auf Sylt. Zunächst war sie Vermieterin in Braderup, seit 1971 kämpft sie nur noch für Sylt. Sie begann nach dem Verkauf ihrer Pension mit Leserbriefen an die einzige Inselzeitung, die „Sylter Rundschau", wenn ihr wieder mal etwas aufgefallen war: stinkende Autoschlangen, Flugzeuglärm, der wilde Bauboom, die Verschmutzung von Sand und Dünen. Als sich der nur in Leserbriefen ausgedrückte Unwille in einer Initiative „Apartmentbaustopp" sammelte, war Klara Enss dabei. Der Gründer, der Westerländer Heilpraktiker Gerd. P. Werner, sitzt inzwischen für die Grüne Liste im Kreistag von Nordfriesland.

Zugute kamen Klara bei den Bürgerversammlungen die Erfahrungen aus ihrem abwechslungsreichen Leben: Zupacken hatte sie auf dem Bauernhof gelernt, den sie nach dem Tode des Vaters mit der Mutter allein führte, im Reden hatte sie sich als Schauspielerin nach dem Kriege geschult, zum Beispiel am Deutschen Schauspiel-

Das Modell, das nie gebaut wurde: So sollte das Hochhaus „Atlantis" an der Westerländer Promenade stehen, eine Art Leuchtturm moderner Kurgastpolitik. Die Landesregierung von Kiel verweigerte die Baugenehmigung

haus in Hamburg und am Westfälischen Landestheater in Castrop-Rauxel. Beides war wichtig, als die Sylter 1971 Sturm liefen gegen die bis dahin größte Bedrohung ihrer Insel, das Projekt „Atlantis" in Westerland.

Erste Berichte im inzwischen verblichenen kritischen Sylt-Magazin „Quo Vadimus" hatten Klara Enss und ihre Freunde aufgeschreckt: „Ein Leuchtturm ganz besonderer Art wird in Zukunft den Nordsee-Schiffern die Lage der Insel Sylt anzeigen. Über 100 Meter hoch soll ein riesiges Apartmenthaus werden, das hinter der Westerländer Promenade entstehen soll. Die Kosten schätzt man vorerst auf 100 Millionen Mark. 16 Millionen will die Stadtverwaltung für den Bau eines Kurmittelhauses ausgeben, das der modernen Wohnmaschine angeschlossen wird. Es wird ein Bewegungsbad, warme Seewasserbäder, Schlickbäder und -packungen, eine Abteilung für Krankengymnastik, Raum- und Einzelinhalation, Massagen usw. bieten und direkt mit dem Wellenschwimmbad verbunden sein. Der Verkauf der Eigentumswohnungen hat bereits begonnen ... Bedenken der Flugsicherung und der Bundesluftwaffe sind ausgeräumt, auch die Kieler Regierung ist mit dem Bau einverstanden. Auch der Name des Bauriesen steht schon fest: Atlantis wurde er in einem Wettbewerb der Kurgäste genannt. 1973 soll er eingeweiht werden."

Der Riese sollte ausgerechnet an der Stelle gebaut werden, wo Westerland von einem möglichen Durchbruch des Meeres am meisten gefährdet ist. Und ausgerechnet in dem Insel-Kurbad, dessen Lärmbelästigung ohnehin die Grenze des Erträglichen erreicht hat. Gemeinsam mit anderen organisierte Klara Enss eine Protestbewegung, die sich der Macher von Westerland, Kurdirektor Petersen, nicht hätte träumen lassen. Kurgäste, Wissenschaftler, Naturschützer und zum erstenmal auch eine große Zahl aufgewachter Einheimischer liefen Sturm gegen das Projekt. Hansi Pe sprach in der „Sylter Rundschau" von böswilligen Verleumdungen, Klara Enss forderte, per Megaphon auf der Friedrichsstraße, prompt Petersens Ablösung: „Er ist der Hauptschuldige dafür, daß der Begriff Heilbad für Westerland zu einem Hohn geworden ist."

Die Vereinigung der „Atlantis"-Gegner sammelte 14 000 Unterschriften gegen den steinernen Koloß am Meer. Sie machte Presse und Öffentlichkeit mobil, holte sich den Beistand von Gutachtern und wandte sich auch an die Landesregierung in Kiel, die erst einmal schleunigst dementierte, das Projekt bereits genehmigt zu haben. „Atlantis wäre das Ende von Westerland gewesen und hätte Sylt unschätzbaren Schaden zugefügt", sagt Klara Enss heute. Neben der Bürgerinitiative ging auch die „Söl'ring Foriining" auf die Barrikaden, und deren Vorsitzender, der Keitumer Tierarzt Claus Andersen, wetterte gegen die Bürokratenherrlichkeit gemeinsam mit Jungsozialisten, Naturschützern und dem Verband der Haus- und Grundeigentümer. Eine Allianz des Widerstandes, wie sie Sylt noch nicht erlebt hatte.

Das Jahr 1972 brachte die Entscheidung. Nachdem die Westerländer Stadtväter trotz aller Proteste in einer stürmischen Nachtsitzung dem Bau von „Atlantis" zugestimmt hatten – woran die Westerländer SPD fast zerbrochen wäre, die damals noch die Stadt regierte –, versagte das Kieler Innenministerium am 18.4.72 dem ominösen Bebauungsplan Nord Nr. 25 die Zustimmung. „Atlantis" konnte nicht gebaut werden, und „seitdem" – so Klara Enss – „ist der 18. April ein wichtiges Datum in der Sylter Geschichte". Einmal wach geworden, baute die Landesregierung gleich für die Zukunft vor: Seit dem 1. Januar 1974 besitzt die Stadt Westerland keine „Befugnis zu Baugenehmigungen" mehr. Die erteilt seitdem die Baubehörde des Kreises Nordfriesland in Husum, wo kein Prüfer den Antragssteller kennt oder mit ihm verwandt ist.

Die gemeinsame Aktion von konservativem „Söl'ring" und progressiver Bürgerinitiative blieb einmalig. Die Bürgerinitiative aber hielt auch nach dem Sieg über „Atlantis" zusammen und kämpfte unverdrossen weiter gegen Bauprojekte und für Landschaftsschutz. Klara Enss hätte längst im Stadtrat sitzen können, doch sie wollte bei der Sylter Apo bleiben. Inzwischen kämpft sie mit gleicher Verbissenheit wie früher gegen Kiesgruben für die Erhaltung von Dünen und Heide am Morsum-Kliff, das ihre „Naturschutzgemeinschaft" betreut. Mit der „Söl'ring Foriining" lebt sie im Kriegszustand, obwohl auch die den Naturschutz auf ihre Fahnen geschrieben haben. „Pa", sagt Klara Enss verächtlich, „die würden doch sogar auf den Deichen bauen, wenn es ihnen Profit bringt."

Kein Wunder, daß die aufmüpfige Klara auf dem Festland mehr Freunde hat als auf Sylt. Was sie sogar in Zahlen ausdrücken kann. Bei der letzten Naturschutzaktion verteilte sie 5000 Aufrufe, dem Naturschutzverein beizutreten, in Sylter Briefkästen.

Nur zwölf Formulare kamen ausgefüllt zurück.

Dabei hat Naturschutz auf Sylt Tradition. Schon 1923 gründeten Ferdinand Avenarius, Knud Ahlborn und Ferdinand Goebel den „Verein Naturschutz Sylt" und retteten als erstes das Morsum-Kliff, das manche Ingenieure gern für den Bau des Hindenburgdamms abgetragen hätten. Das Manifest „Schutz für Sylt", 1911 in Avenarius' „Kunstwart" veröffentlicht, klingt heute in vielen Passagen hochaktuell:

„Ein einziges Haus außerhalb der Ortschaft in die Heide oder gar in diese Binnendünen gesetzt, und eine Form ist zwischen die große Linie geworfen, ein Maßstab ist gegeben, der die Größe herunterdrückt, die Größe und Weite ist zerstört, und die einsame Ursprünglichkeit ist dahin . . . Denn auch der schönste und kleinste Bau würde die Größe der Landschaft so sicher zerstören, wie ein Mensch den Erhabenheitseindruck des Hünengrabes zerstört, auf dem er steht."

Außer dem Flughafen von Westerland, der zur Saison sowohl von den British Airways aus Berlin als auch von Hadag-Air aus Hamburg angeflogen wird, sowie den zusammenhängend bebauten Ortsgebieten ist ganz Sylt als Landschaftsschutzgebiet ausgewiesen, Hörnum-Odde, Rantumer Becken, Morsum-Kliff und Morsumheide, Kampener Vogelkoje und das Listland mit seinen Wanderdünen sogar als Naturschutzgebiet.

So wenigstens steht es auf dem Papier . . .

Küstenschutz

Realistischer sehen die Sylter jene Gefahr, die ihrer Insel vom Meer droht. Für die Küste Schleswig-Holsteins ist Sylt ein Wellenbrecher. Hier trumpft die Brandung am stärksten auf, und die Nordsee holt sich Jahr für Jahr ein Stück von der langen Westküste. Sylt wird schmaler, ist sogar an verschiedenen Stellen von einem Durchbruch bedroht: In Westerland bei der Brandenburger Straße, in Hörnum-Odde und in List am Königshafen, wo die Insel nur noch wenige hundert Meter breit ist, am Morsum-Kliff und nördlich von Rantum. Während Sylt aber an diesen Stellen abnimmt, wächst es in der Länge, vor allem am Ende des Lister Ellenbogens. Die Wellen spülen den Sand, den sie sich an den Stränden im Westen holen, an die Spitzen im Süden und Norden, also nach Hörnum und nach List.

Da zwischen Sylt und der Küste von England rund 580 Kilometer freies Wasser liegen, ist die Gewalt von Wind und Wellen groß, wenn sie auf Sylt treffen. Detlev von Liliencron hat das in seinem Gedicht über den „Blanken Hans" treffend beschrieben:

Von der Nordsee, der Mordsee, vom Festland geschieden
liegen die friesischen Inseln im Frieden.
Und, Zeugen weitenvernichtender Wut,
taucht Hallig auf Hallig aus fliehender Flut.
Die Möwe zankt schon auf wachsenden Watten,
Der Seehund sonnt sich auf sandigen Platten.
Trutz, blanke Hans

Im Ozean mitten, schläft bis zur Stunde,
ein Ungeheur tief auf dem Grunde.
Sein Haupt ruht dicht vor Englands Strand,
Die Schwanzflosse spielt bei Brasiliens Sand.
Es zieht, sechs Stunden, den Atem nach innen,
und treibt ihn, sechs Stunden, wieder von hinnen.
Trutz, blanke Hans

Doch einmal in jedem Jahrhundert entlassen
die Kiemen gewaltige Wassermassen.
Dann holt das Untier tief Atem ein
und peitscht die Wellen und schläft wieder ein.
Viele tausend Menschen im Nordland ertrinken,
viele reiche Länder und Städte versinken.
Trutz, blanke Hans

Zwischen 1882 und 1883 war Detlev von Liliencron Deichgraf auf der nordfriesischen Insel Pellworm. Die Deichgrafen waren in früheren Zeiten zuständig für die Erhaltung der Deiche und mußten bei Sturmfluten den Einsatz von Menschen und Material koordinieren. Deichgrafen, die Fehler an ihren Deichen zu spät entdeckten und damit indirekt schuld waren an einem Wassereinbruch, wurden mit Schimpf und Schande aus ihrem Amt gejagt. Heutzutage hat der Deichgraf weniger Verantwortung, weil sich das staatliche „Amt für Land- und Wasserwirtschaft" um die Erhaltung der Deiche kümmert. Einen Deichgrafen hat Sylt aber trotzdem noch: Jan Peter Peters, Bauer aus Tinnum, CDU-Gemeinderat in Sylt-Ost und gleichzeitig Vorsteher des „Deich- und Sielverbandes Nösse", der sich um die gefährdeten Gebiete des Nösse-Koogs kümmert: „Insgesamt ist unser Deich zu niedrig, größtenteils nur aus Sand und Kleie errichtet. Das ist natürlich zuwenig, wenn das Wasser mal richtig kommt."

Neben den Deichen versuchten es die Sylter an der Westküste zwischen 1869 und 1871 mit dem Bau von Buhnen. Da wurden Steinpfähle vom Strand aus ins Wasser getrieben, die sollten die Brandung brechen. Ab 1927 nahm man Eisenbuhnen, die auch heute noch, verschlickt und verrostet, an der Westküste stehen. Die Strandabschnitte wurden nach der Ziffer der Buhnen eingeteilt, in

Nach Sturmfluten an der Westküste von Sylt hängen Häuser, wie hier ein Wenningstedter Café in den zwanziger Jahren, plötzlich in der Luft und müssen abgerissen werden. Bis zu 25 Meter holte sich bei der Sturmflut von 1976 die Nordsee von der Steilküste bei Kampen

Eisenbuhnen, die ankommende Wellen brechen sollten, erwiesen sich lange Zeit hindurch als wirksamster Küstenschutz für Sylt. Sie wurden ab 1927 errichtet, sind heute abgelöst – aber nicht aufgelöst – zugunsten von Tetrapoden und Sandvorspülung. An Buhnen zu baden ist wegen dort herrschender Strudel gefährlich

den sechziger Jahren ist zum Beispiel in Kampen die Buhne 16 als Spielplatz der Nackten und Reichen bekannt geworden.

Neueren Datums sind flache Steinbuhnen vor Westerland und die in einer französischen Küstenschutz-Versuchsanstalt entwickelten Tetrapoden, vierbeinige, tonnenschwere Betongebilde. Sie ruhen mit drei Beinen im Sand, ein Bein ragt in die Luft. Auch bei schwerster Brandung fallen sie immer wieder auf die Füße, denn drei Beine bleiben stets am Boden. Die Promenaden von Westerland und die von Hörnum sind mit Tetrapoden geschützt.

Mehr Schutz allerdings bot und bietet die Sandvorspülung. Durch eine Rohrleitung wurde 1972 Sand an die Küste vor Westerland gespült, den ein Bagger aus dem Rantumer Watt geholt hatte. Kosten: sechs Millionen Mark. Zumindest bei der letzten großen Sturmflut von 1976 hat die Sandvorspülung Westerland vor größeren Überschwemmungen gerettet. Gleichzeitig schwemmte der Küstenstrom, der übrigens im Wattenmeer für Flut und Ebbe sorgt, den angespülten Sand in Richtung Hörnum und List und bewahrte auch die dortigen Küstenabschnitte vor größeren Schäden. In dieser einzigen Sturmflutnacht vom 3. Januar 1976 hat das Meer den gesamten angespülten Sand „gefressen". Im Frühjahr 1978 begann deshalb eine erneute, kostspielige Sandvorspülung durch die Rohre aus Rantum. Endlich können die Rantumer mal stolz sein auf ihren Sand . . .

Küstenschutz, Sandvorspülung zumal, kostet viel Geld. Das verlangen die Sylter von der Landesregierung in Kiel mit dem einleuchtenden Argument, daß sie sozusagen ihre Küste hinhalten, um das Festland zu schützen. Die vom Festland wiederum sagen: Küstenschutz ist für euch Eigenschutz, sonst kommen nämlich keine Badegäste mehr nach Sylt, und ihr verdient nichts mehr. Nach langem

Streit hat man sich über die Kosten für die neue Sandvorspülung geeinigt, Westerland zahlt ein Drittel der sechs Millionen Mark, das Land Schleswig-Holstein ein Drittel und das restliche Drittel der Bund. Eine weise Entscheidung: Die Westerländer leben von ihrem Strand, die Schleswig-Holsteiner sind sicherer bei Sturmfluten und die Bundesbürger fahren zum Baden nach Sylt . . .

Einen auf Dauer wirksamen Schutz für die Insel Sylt aber gibt es nicht. Meer und Wind sind stärker als alle bisher bekannten Methoden des Küstenschutzes. Der stückweise Abbruch der Insel kann nur verzögert, nicht aber verhindert werden. An einen Untergang der gesamten Insel glaubt allerdings niemand, im makabren Vertrauen auf jene Gefahrenherde Meer und Wind. Nach jeder Sturmflut nämlich wird neuer Sand an die Küste geschwemmt, und der schützt bei der nächsten Sturmflut . . .

Küstenschutz auf Sylt ist also in der Hauptsache Gottvertrauen.

American Coast Guard

In Notzeiten und bei Sturmfluten helfen auch die 13 Amerikaner von Sylt. Die Funkstation der amerikanischen Küstenwache, 1962 errichtet und einzigartig in Deutschland, hat mit ihrem 198 Meter hohen Sendeturm in den Dünen vor Hörnum eine Reichweite von 4000 Kilometern. Leutnant Richard C. Hilliker und seine Leute koordinieren in friedlichen Zeiten den Funkverkehr der Schiffe auf der Nordsee, peilen aber auch mit hochempfindlichen Geräten und Radarschirmen nach möglichen Schiffsunglücken. Hilliker beschreibt seinen ersten Eindruck von Sylt so: „Ich hatte eine geruhsame Landschaft mit schönen alten Häusern erwartet, aber das erste, was ich nach der Ankunft in Westerland sah, waren Betonhochhäuser und die Werbung von McDonald's." Im Laufe der letzten Monate aber ist er zum überzeugten Insulaner geworden, bewohnt mit seiner Frau ein Apartment in Westerland und will am liebsten nicht mehr weg von Sylt. Übrigens: Jedesmal wenn ein Soldat der Küstenwache in die USA zurückversetzt wird, erscheint eine Anzeige im Lokalblatt „Sylter Rundschau", in der jedweder Sylter dringend gebeten wird, etwaige Forderungen an den scheidenden Soldaten anzumelden – jetzt oder nie.

Meta, die Friesin

Einmal, als sie noch mit dem Pastor von Morsum verheiratet war, ist Meta Ingwers geborene Prott mit ihrem Mann nach Oberammergau gefahren, um die Passionsspiele anzuschauen. Das war 1960. Im Frühjahr 1978 haben zwei ihrer Töchter Meta überredet, eine Autotour durch England zu machen. Da ist Meta Ingwers wieder mitgefahren, aber England ist schließlich eine Insel und außerdem nicht so weit von Sylt entfernt, knapp 600 Kilometer quer übers Meer. Sonst war sie immer auf Sylt, ihr ganzes Leben, 63 Jahre lang.

Als Meta Prott noch ein kleines Mädchen war, mit blonden Zöpfen, so knapp zehn Jahre alt, da ist sie mit ihrem Vater im Sommer oft auf dem Pferdewagen von Munkmarsch nach Westerland gefahren. Ihr Vater, der eine Windmühle betrieb, besaß auch die Kiesgrube oben vor Braderup, und die Stadt Westerland, damals schon aufstrebendes Heilbad, brauchte viel Kies für die Befestigung ihrer Straßen. Da sind sie dann über die Heide gezuckelt – „mein Vater hatte schöne Gespanne, er liebte Pferde" –, und Meta hat mit ihrem Vater fröhlich zweistimmig Lieder gesungen, zum Beispiel: „Wer recht in Freuden wandern will". Ihr Vater war auch aktiv in der Keitumer Liedertafel, und Singen war sein Liebstes. Als Meta dann mit der Grundschule in Keitum fertig war, ging sie zur Realschule nach Westerland. Ihr Klassenlehrer war der Vater jenes Professor Uwe Jessel, der heute in den Dünen von Wenningstedt sitzt und das gepriesene Sylter Bioklima erforscht. Meta auch war es, die dem Schmetterlingssammler Uwe fette Raupen vom heimischen Kartoffelacker in die Schule mitgebracht hat.

Meta mußte natürlich zu Fuß gehen, vom elterlichen Hof am Hafen von Munkmarsch über die Heide bis nach Westerland. „Im Sommer brauchte ich eine Stunde nach Westerland und im Winter noch eine Viertelstunde mehr. Wenn ich losging, stand meine Mutter immer unter der Tür und sagte, Kind, ich mag dich gar nicht so bei Dunkelheit über die Heide gehen lassen. Ein Fahrrad hat mir mein Vater nicht gekauft. Er hatte Angst um meine Gesundheit, denn ich hätte auf dem Rad ja Richtung Westerland meist Gegenwind von der See gehabt. Und das hätte zu leicht Erkältungen bringen können oder Schlimmeres."

Manchmal, nachmittags auf dem Heimweg, hatte Meta Glück. Ihr Onkel war Lokführer auf jener Dampfspurbahn von Munkmarsch nach Westerland, mit der die Kurgäste befördert wurden. Wenn der Onkel Meta über die Heide hüpfen sah, ließ er langgezogen die Pfeife seiner kleinen Lok ertönen, wartete auf seine Nichte und nahm sie dann mit nach Hause. Haltestellen gab es auf der Heide nicht, und die Bahn fuhr nur im Sommer, weil im Winter ja sowieso keine Kurgäste in Munkmarsch ankamen.

Heute, 50 Jahre später, sitzt Meta Ingwers in ihrem kleinen Haus gegenüber dem einstigen elterlichen Hof. Der Friesenbau, über 200 Jahre alt und begehrtes Objekt für kauflustige Sylturlauber, wird von der Schwägerin bewohnt. Der Bruder erlitt vor ein paar Jahren einen Herzinfarkt. Meta ist die letzte von den sieben Kindern des Müllers – drei kleine Geschwister sind früh gestorben, zwei Brüder im Krieg gefallen. Meta hat ein abgeklärtes Gesicht, und wenn sie spricht, ruhen ihre Hände still im Schoß.

Während der Saison herrscht auf dem Westerländer Flughafen Großstadt-Betrieb. Die British Airways aus Berlin und die Hadag aus Hamburg fliegen dann Sylt täglich im Linienverkehr an

Wo einst der kiesbeladene Pferdewagen ihres Vaters geruhsam über die Heide zuckelte, preschen heute die Sechszylinder über die schnurgerade Straße von Keitum nach Westerland, der Hochhaussilhouette des Kurhauses entgegen, und Singen tun nur die Reifen auf dem Asphalt. Die Heide, über die Meta einst rannte, ist eingezäuntes Gelände des Flughafens von Westerland. Dahin fliegen in der Saison aus Hamburg die Hadag, aus Berlin die British Airways mit ihren schweren Super-one-elevens und Hunderte von privaten Sportflugzeugen.

Die Dampfspurbahn von Munkmarsch nach Westerland fährt schon seit 1928 nicht mehr; ein Jahr nach dem Bau des Hindenburgdammes hatte sie ihre Schuldigkeit getan. Die Kurgäste kamen nun über den Damm, der Hafen von Munkmarsch, heute längst versandet und Treffpunkt der bunten Surfer, wurde vergessen. Auch die Nachfolgerin der Dampfspurbahn, die Inselbahn von Süd nach Nord, von Hörnum nach List, wurde 1970 eingestellt, weil sich der Betrieb nicht mehr lohnte. Die Trasse der „Rasenden Emma", die von allen Kurgästen geliebt wurde, liegt verwaist da und träumt nachts von feurigen Zeiten mit Tempo 40.

Metas Vater, dem Müller, ging es gut: „Wir hatten auch Landwirtschaft, und da haben alle mit angepackt. Meine Eltern führten ein gastliches Haus, immer stand in der Küche ein Topf mit gekochten Eiern und eine Kanne mit warmem Tee, falls Besuch kommen sollte. Da wurde nicht lange vorher angemeldet, man kam vorbei, so wie auch wir irgendwo vorbeigingen und freundlich empfangen wurden. Das ist bei den richtigen Friesen auf Sylt heute noch so."

Doch der Vater war ein Mann, der wußte, was sich gehört für ein Mädchen. Als Meta nach der Realschule weiterlernen, gar Lehrerin werden wollte und dazu das Gymnasium auf dem Festland hätte besuchen müssen, hat er nein gesagt. Ein Mädchen braucht so was nicht, die soll einen Haushalt führen können, später mal heiraten und Kinder kriegen. Als der Vater das verkündet hat, ist Meta zu den Kühen gegangen, die sie melken mußte, und hat bitterlich geweint. Von ihren sechs Kindern, die sie später bekommen hat, nachdem sie brav den Weg eingeschlagen hatte, der nach Meinung des Vaters sich für ein Mädchen ziemte, sind drei Lehrer geworden, und zwei Schwiegertöchter sind ebenfalls Lehrerinnen. Das ist schon so was wie eine Entschädigung.

Als Meta damals nicht auf die höhere Schule gehen durfte, hat sie zunächst bei einer Tante in Tinnum im Geschäft geholfen und ist dann nach Flensburg gegangen, aufs Festland, um in einer Bäckerei zu arbeiten. „Wenn du es da drüben nicht mehr aushältst, dann komm schnell wieder nach Hause", hat der Vater gesagt.

Bei der ersten Heimkehr hat sie einen Vikar aus Wenningstedt kennengelernt, den hat der Jens Bleicken mitgebracht (die Bleikkens gehörten auch zu den alten Familien Sylts, und irgendwie sind sie auch mit Meta verwandt), und der Herr Vikar hat Meta auch schon mal ins Kino nach Westerland eingeladen – wo man natürlich zu Fuß hinging. „Auf so einem langen Weg lernt man sich gut kennen", sagt Meta.

1939 hat sie den Herrn Vikar geheiratet und ihn, jetzt auf dem Fahrrad, auch begleitet, wenn er seine Gemeinde besuchte, die bis List hinaufreichte. Da war er nicht mehr Vikar, sondern vertrat schon den Pastor von Keitum. Sechs Kinder hat Meta Ingwers in dieser Ehe geboren, alle im Pastorat von Morsum, wo ihr Mann dann endlich fest angestellt wurde. „Und alle sechs Kinder sind bei Flut auf die Welt gekommen. Da ist schon was dran, daß bei Flut mehr Kinder auf die Welt kommen. Vor allem bei Sturmfluten."

An Sturmfluten sind alle Sylter gewöhnt, auch Meta. „Das gehört halt dazu, wenn man auf einer Insel lebt. Ich weiß noch, als 1940 die ersten Bomben auf Sylt fielen. Die Zugereisten flüchteten mög-

Meta Ingwers vor dem alten Friesenhof, in dem sie 1915 geboren wurde. Sie lebt heute gegenüber in einem kleinen Haus, das sie sich gebaut hat und wo sie zur Saison auch vermietet

lichst schnell aufs Festland zu Verwandten. Die alten Sylter aber blieben ruhig und sagten, was ist denn schon so eine Bombe gegen eine Sturmflut."

Womit auch Meta bei der letzten Sturmflut 1976 nicht gerechnet hat – und wie sie hatten viele Sylter aus dieser Richtung keine Gefahr vermutet –, das war die Flut „von drüben, von der anderen Seite". Mit der anderen Seite meint sie den Osten, die „ruhige" Wattseite der Insel. Doch bei der Sturmflut von 1976 ist das Wasser aus der Deutschen Bucht mit so gewaltigem Druck auf den Hindenburgdamm geprallt, daß der Nössedeich in Gefahr kam und in Morsum schon die ersten Häuser geräumt wurden. Der Wind drehte damals im letzten Moment, und die Gefahr für Morsum, Archsum und Rantum war noch einmal gebannt. Bis zum nächstenmal? Hindenburgdamm und die Sicherung der Deiche am Eiderstrand haben nämlich die subtile ökologische Balance zerstört, und jetzt sind, bei ungünstigem Wind, auch die „ruhigeren" Teile Sylts durch Sturmfluten gefährdet.

Bilanz der letzten Sturmflut: Die See hatte sich insgesamt 600 000 Kubikmeter Land zurückgeholt. „Ganz schön viel", sagt Meta, und schließlich sei es ja nicht so, daß man mit dem Land auf Sylt so sorglos umgehen könne. Es sei denn, es geht darum, noch ein kleines Ferienhaus zu bauen. Ein ganz kleines natürlich, jeder will nur ein ganz kleines . . .

Meta Ingwers lebt hauptsächlich von den Einnahmen aus Vermietungen. Außerdem gehört sie zur Erbengemeinschaft der Listlandbesitzer, weil ihre Urgroßmutter auf dem Westhof der Paulsens geboren ist. Aber dieser Erbengemeinschaft bleibt außer den Einnahmen von der Mautgebühr am Ellenbogen nicht viel. „Das Listland kann ja nicht zu Geld gemacht werden. Der gesamte Besitz ist

Das „Haus des Kurgastes" von Hörnum ist eines der scheußlichsten Beispiele neuzeitlichen Sylter Baubooms. Der häßliche Betonklotz steht wie ein Fremdkörper in der Landschaft

Naturschutzgebiet und darf nicht bebaut werden." Was Meta nicht traurig stimmt, denn sie sieht allemal lieber eine Düne als einen Bungalow auf derselben.

Der wahre Reichtum der Insel ist die Natur, und mit der kann man nicht unbeschränkt wuchern. Viele Fremde bringen viel Geld. Noch mehr Fremde bringen noch mehr Geld. „Aber wenn vor lauter Fremden von Sylt nichts mehr zu sehen ist, dann ist es vorbei mit Sylt." Nur daß statt des blanken Hans eine Welle von Menschen die Insel überrollt haben wird.

Wie weit zum Beispiel blinde Bauwut führen kann, zeigen die „Häuser des Kurgastes" in Hörnum und List. Den Betonklotz von List kennt Meta Ingwers genau, und sie, die nun wahrlich bedächtig jedes Wort wiegt, spricht da eine klare Sprache: „Dieses Ding ist ein Verbrechen, und das beste wäre, wenn es einstürzt und weg ist." Die Lister sind dagegen stolz auf ihren Klotz, denn jetzt erst fühlen sie sich, wie auch am anderen Ende die Hörnumer, als richtiges Kurbad, das seinen p.p. Gästen auch was Handfestes zu bieten hat. „Und man sollte sich nichts vormachen, selbst die Morsumer schielen schon ganz neidisch auf dieses Kurhaus, weil es ja schließlich Geld bringt", sagt Meta.

Meta Ingwers geborene Prott hat den Sylter Fortschritt sozusagen am eigenen Leibe gespürt. Die Mühle des Vaters, eine Windmühle, rentierte sich irgendwann nicht mehr. Denn die Motormühlen arbeiteten billiger. Irgendwann mußte sie nicht mehr zu Fuß über die Heide gehen, sondern konnte auf einem Fahrrad auf asphaltierten Straßen fahren. Da gab es irgendwann auch keine Pferdegespanne mehr, sondern Autos, aber man kam schneller hin, wohin man mußte. Daß die Kinder heute mit dem Bus zur Schule fahren können und auch Westerland ein Gymnasium hat, ist natürlich ein Fortschritt, ebenso wie der Hindenburgdamm oder die Selbstverständlichkeit, mit der Meta Ingwers heute nach England fährt, um mal ein anderes Land kennenzulernen. „Im Sommer geben die Touristen manche Anregung und erweitern unseren Horizont. Im Winter können wir uns dann wieder auf uns selbst besinnen, und dann wird auf Sylt immer noch mehr Friesisch als Deutsch gesprochen."

Als ich Meta Ingwers vor zwei Jahren kennenlernte und wir mitten im Sommer über Sylt sprachen, hatte sie mir den Rat gegeben, im November oder vor Weihnachten wiederzukommen: „Da ist alles ganz anders", und sie hat gemeint: wie früher.

Und sie hatte recht. Daß Sylt im Jahr etwa 1600 Sonnenstunden hat und zum Beispiel Hamburg nur 1381, ist im November eine schöne Sommererinnerung, weil dann bereits gegen vier Uhr nachmittags die Sonne blutrot im Nebel über dem Wasser versinkt. Manchmal kommt die Sonne auch gar nicht raus, als müsse sie sich vom langen Sommer erholen; dann bleibt es dämmrig auf Sylt, von morgens bis abends. Die einzigen Farbflecke in der grauschwarzen Weite, die von der höchsten Erhebung der Insel, der Uwe-Düne bei Kampen, zu übersehen ist, sind „Friesennerze": ein paar gelbe Regenmäntel, schräg gegen den Wind am Strand laufend, Menschen zwischen Ebbe und Flut. Die Silbermöwen sitzen frierend auf den Äckern, und oben am Ellenbogen hat jetzt die Bundeswehr die alleinige Herrschaft übernommen.

Im Wachhaus, an der Stelle, an der Meta Ingwers im Sommer beim Kassieren der Maut für die Listland-Besitzer hilft, steht einer stramm und rotgefroren und sagt: „Nicht anhalten bis zum nächsten Wachhaus, hier wird nämlich scharf geschossen." Die Tonnen, auf die geballert wird, sind leuchtend rot und orange. Am versandeten ehemaligen Königshafen rührt sich kein Schaf bei der Knallerei. Im November verlieren sich die wenigen Spaziergänger zwischen den Häusern auf der Kampener Heide, jenseits der Straße, und das Wrack von Braderup ist nur schemenhaft zu erkennen.

In Keitum, dem Dorf der Kapitäne, bricht die Nacht noch ein bißchen früher herein als sonst auf der Insel, weil die schweren Bäume das letzte Licht aufsaugen. Und alle Sagen von Zwergen und Riesen und Strandräubern und wilden Seefahrern werden wieder lebendig, wenn sich die Ureinwohner hinter kleinen erleuchteten Fenstern beim „Aufsitzen" treffen, wie sie es doch noch manchmal tun, wenn die Saison vorbei ist und es – auch das ist der Fortschritt, Meta – gerade nichts im Fernsehen gibt.

Sylt hält dann Winterschlaf, nicht sehr lange, weil bei den erfolgreichen Bemühungen der Kurverwaltungen, Saison zum Dauerzustand zu machen, viel Zeit zum Durchatmen nicht mehr bleibt. Und die Insel wartet dann, bangend, auf den blanken Hans.

„Und wir", sagt Meta Ingwers, „wir warten auch und lassen sie nicht allein."

Die engste, nur 400 Meter breite Stelle der Insel liegt im Norden, in der Mitte des Ellenbogens. Hier und im äußersten Süden b

örnum-Odde droht das Meer die Insel durchzubrechen

Strandpromenade in Westerland bei Novembersturm

Kliffabbruch in Kampen. Hier hat sich das Meer bei der Sturmflut 1976 fast 25 Meter Land geholt, an manchen Stellen ende

die Asphaltwege seitdem im Nichts

Strandhafer schützt die gefährdeten Dünen vor dem Wind

Die Tetrapoden, ein wichtiger Küstenschutz, wurden in Frankreich entwickelt. Die tonnenschweren Betonklötze sollen d.

Gewalt der ständig anrennenden Wellen brechen

Strandkorb-Dschungel vor Westerland, Tagesmiete pro Korb 5,50 Mark

Sylter Sommer-Idylle. Mit dem Autozug über den Hindenburgdamm oder der Fähre von Dänemark ist die Insel innerhalb einer

Stunde vom Festland leicht zu erreichen

Frühjahr am Ellenbogen: Nato-Zielschießen auf bunte Tonnen. Verkehrsschilder warnen die Autofahrer

Im Schatten eines Westerländer Wasserturms duckt sich ein altes Friesenhaus unter sein tiefgezogenes Dach

Die Windmühle von Munkmarsch stand bis 1927 direkt am Hafen, wo die Kurgäste ankamen. Heute ist der Hafen versandet

die Mühle abgerissen, nur das Haus steht noch

Wenn alle Kurgäste weg sind, treffen sich die Sylter beim „Aufsitzen"

Sonnenuntergang an der Westküste

Sylt von A bis Z

Dieses Register unterscheidet sich von herkömmlichen: Neben Stichwörtern, die mit Ziffern auf die jeweiligen Seiten im Buch hinweisen, auf denen die Begriffe vorkommen (gerade Ziffern: Bilder), wurden andere Begriffe, die im Buch zu kurz kommen mußten, hier ausführlich behandelt

A

Akademie am Meer: Unter diesem etwas hochtrabenden Namen ist die Volkshochschule Klappholttal bekannt geworden. Sie liegt in den Dünen zwischen List und Kampen in unmittelbarer Strandnähe. Knud Ahlborn, der zum Freundeskreis von Ferdinand Avenarius zählte, hat 1919 in ausgedienten Militärbaracken im Klappholttal eine Kindererholungsstätte gegründet, das Heim neben der „Akademie" ist heute – besonders bei Hamburger Kindern – ein beliebtes Ziel für Klassenreisen. In der Volkshochschule Klappholttal werden zwischen April und Oktober Vorträge und Veranstaltungen angeboten, die manchmal tatsächlich akademischen Charakter haben. Die Teilnehmer an solchen Kursen wohnen kostengünstig in kleinen Bungalows oder Apartments auf dem Gelände der Volkshochschule. Kursbeispiele: Literatur, Lebensgestaltung, Musik, Malerei, richtiges Atmen, Gymnastik. Zu den Dozenten gehören mitunter so prominente Zeitgenossen wie Walter Jens oder Werner Höfer. Der Leiter der Volkshochschule, Dr. Manfred Wedemeyer, ist auch als Sylt-Chronist bekannt. Informationen über Kurse und Vorträge unter der Telefonnummer 04652/71 10.

Angeln: Der Ellenbogen, der nördlichste Landstrich Deutschlands, ist der bevorzugte Treffpunkt der Sylter Angler. Denn hier, in den für Schwimmer lebensgefährlichen Strudeln an der Nordspitze, beißen die Fische am liebsten. Zur Ausrüstung gehört außer dem Angelgerät unbedingt auch ein Angelschein, der befristet auf einen Monat für 12 Mark vom Westerländer Ordnungsamt ausgestellt wird. Ausgabezeiten sind über die Stadtverwaltung (04651/70 53) zu erfragen. Mit diesem Papier dürfen dann Butt und Makrele, Scholle und Aal aus dem Meer geholt werden. Hochseeangelfahrten werden ab List-Hafen angeboten, wer aber nicht seefest ist, findet auf Sylt auch einige stille Fischteiche.

Aquarium: Direkt neben dem Wellenschwimmbad von Westerland liegt das Meerwasseraquarium, täglich zwischen 10 und 18 Uhr geöffnet. Gegen 1,50 Eintritt kann man dort neben lebenden Seehunden allerlei Wunder des Meeres besichtigen: ausgestopfte Haie, Seesterne, Korallen etc. Die schwerste Muschel im Aquarium, das in den Räumen eines ehemaligen Bunkers liegt, wiegt immerhin fünf Zentner. Die Seehunde dürfen nach Erwerb des geeigneten Futters an der Kasse auch gefüttert werden.

Archiv: Genau das Richtige für einen Regentag. Im Sylter Archiv unter den Räumen der Westerländer Bücherei (Strandstraße 1) liegen alle Schätze aus großen, ganz großen und weniger großen Zeiten der Insel: sämtliche Schriften, die je über Sylt verfaßt wurden, alte Zeitungen, Fotos, Zeichnungen. Victor Bender, der Archivleiter, zeigt täglich zwischen 9 und 12 Uhr dem Besucher gern alles über Sylt. Wer Extrawünsche hat, kann einen besonderen Termin mit Bender vereinbaren (Telefon 04651/70 53), und vielleicht ist der freundliche Herr Bender dann sogar bereit, einen der ehemaligen Sparkassensafes zu öffnen und einen Blick auf die Logbücher verblichener Sylter Kapitäne zu gestatten. Manche dieser wertvollen Historienbücher sind allerdings noch versiegelt und dürfen erst geöffnet werden, wenn der letzte Angehörige der betreffenden Familie gestorben ist. Der Eintritt ins Sylter Archiv ist, eine Seltenheit auf der Insel, kostenlos.

Austernzucht: Die Austernzucht im Watt an der Ostküste der Insel ist vor rund 50 Jahren eingestellt worden. Neu angelegte, aus Japan importierte und inzwischen an das rauhe Nordseeklima gewöhnte Kulturen werden neuerdings in kleineren Mengen angeboten. Züchter Rönnebeck aus Munkmarsch (Tel. 04651/3 22 76) läßt auch über Direktlieferungen mit sich reden und bietet außerdem auf seinem Kutter im Munkmarscher Hafen frischgefangene Muscheln für Selbstabholer und Selbstkocher.

B

Badestrände: Die liegen größtenteils an der Westküste von Sylt zwischen List im Norden und Hörnum im Süden. Auf der gegenüberliegenden Seite, am Wattenmeer, tummeln sich vor allem die Windsurfer. Es gibt Badestrände, die nur von Einheimischen besucht werden (in der Nähe von Archsum zum Beispiel). Kinderärzte warnen vor dem Baden im Wattenmeer: Im Schlamm soll es, besonders zur heißen Sommerzeit, Krankheitskeime geben, die aus den direkt ins Wattenmeer geleiteten Abwässern stammen und Darmerkrankungen verursachen. Abwässer im Wattenmeer – das gibt es immer noch, trotz aller gesetzlichen Bestimmungen, trotz heftiger Bürgerproteste. Die offiziel-

C

D

E

F

Fahrradverleih: Ein teurer Spaß auf der Insel. Wer für vier Wochen ein Rad mieten will – Adressen im Telefonbuch –, muß an Mietgebühr schon fast den Gegenwert eines neuen Rades auf den Tisch legen. Es empfiehlt sich also, das eigene Fahrrad von zu Hause per Bundesbahn nach Westerland transportieren zu lassen. Die beste Adresse für jene, die kein Rad haben und unbedingt auf Sylt strampeln wollen, ist der alte, etwas versponnene Herr Hagelkruys in der Westerländer Stradumstraße, der noch vernünftige Preise nach Absprache macht. Hagelkruys, ein überzeugter Vegetarier, der es manchmal vorzieht, in einer Kiste auf seinem Hof zu schlafen, ist ein vielgerühmter Besprecher von Warzen, Plattfüßen und sexuellen Neurosen. Der äußere Eindruck sollte nicht täuschen: Meister Hagelkruys ist innerlich sauber geblieben.

FKK: Das magische Kürzel (Freikörperkultur) für nacktbadende Mitmenschen hat längst seinen verderblichen Klang aus jenen Zeiten verloren, da der erste Nacktstrand auf Sylt als „Abessinien" bezeichnet wurde, Jungmänner mit Ferngläsern in den Dünen lagerten, Piloten zum Tiefflug übers rote Kliff ansetzten, um dort einen nackten Busen zu entdecken – oder gar die Botschaft Äthiopiens in Bonn gegen die Verunglimpfung ihres Staatsnamens protestierte. Die vielen Nacktbader, die es heute auf Sylt gibt (siehe Karte), regen niemanden mehr auf. Inzwischen ist sogar der Übergang zwischen Textilstrand und FKK-Strand fließend geworden. Gewisse komische Momente allerdings lassen sich zur Saison an kühlen Tagen genießen, wenn am Strand Volleyball gespielt wird und die hüpfenden Kämpfer unten nackt, aber oben mit warmen Pullovern bekleidet sind. Und was das erotische Moment betrifft: Wie so oft im Leben blüht wahrer Reiz erst im Verborgenen.

G

Gronau, Wolfgang von: Ihm ist am Lister Hafen ein Gedenkstein gewidmet, auf dem seine Taten verzeichnet sind: „Von hier aus startete unser Ehrenbürger Wolfgang von Gronau mit einem Dornier ‚Wal'-Flugboot der Deutschen Verkehrsfliegerschule List zu seinem der internationalen Luftfahrt neue Wege weisenden Flügen über den Nordatlantik und um die Welt – 18. August 1930 List - Island - Grönland - Neufundland - New York, 8. August 1931 List - Island - Grönland - Labrador - Chicago, 22. Juli 1932: List - Grönland - Kanada - Alaska - Aleuten - Tokio - Hongkong - Batavia - Bombay - Athen - List".

H

I

J

Jagd: Gejagt werden auf Sylt Füchse, die in den alten Bunkeranlagen ein ideales Gelände für ihre Bauten gefunden haben, Hasen, Karnickel, Stock- und Krickenten, Fasanenhähne, Rebhühner und Wildtauben. Die Wildkaninchen haben sich auf Sylt so ungeheuer vermehrt, daß sie vielerorts schon zur Plage geworden sind. Aber die Autofahrer tun hier ihr Bestes, um den Bestand zu dezimieren. Während einer Saison werden schätzungsweise 1000 Karnikkel totgefahren und 6000 erlegt. Wer während seines Sylt-Urlaubs jagen will, erfährt alles Nähere über Jagdschein und Jagdzeiten beim Pressewart des „Hegerings Sylt", dem Journalisten Wilhelm Bartscher, zu erreichen unter der Telefonnummer 04651/71 50.

K

Kurverwaltung: Hier die Telefonnummern der verschiedenen Sylter Kurverwaltungen, die bei Bedarf auch Zimmer vermitteln:
List: 04652/2 15
Kampen: 04651/4 10 81
Wenningstedt:04651/4 10 81
Archsum: 04651/2 51
Keitum: 04651/3 18 60
Morsum: 04654/2 49
Tinnum: 04651/3 17 92
Westerland: 04651/8 11
Rantum: 04651/60 76
Hörnum: 04653/10 65

L

Leuchtfeuer: Die sieben Leuchtfeuer auf Sylt haben nichts mehr von der Romantik früherer Zeiten, Leuchtturmwärter gibt es längst nicht mehr. Alle Feuer werden automatisch in Tönning auf dem Festland ein- und ausgeschaltet.
Das „Hauptfeuer Rotes Kliff" bei Kampen, 1855 erbaut, ist ein weißer, 38 Meter hoher Turm. Reichweite: 21 Seemeilen. Die Leuchtfeuer List-West und List-Ost wurden am 1.1.1858 zum erstenmal gezündet. Der zehn Meter hohe eiserne Turm von List-West hat eine Reichweite von 14,6 Seemeilen, der 13 Meter hohe eiserne Turm von List-Ost eine Reichweite von 14,5 Seemeilen. Das Leuchtfeuer von List-Land ist ein eiserner Rohrmast, zehn Meter hoch, Reichweite 12,5 Seemeilen. Das Quermarkenfeuer Rotes Kliff markiert die Einfahrt in das Lister Tief. Der rote steinerne Turm ist 11,5 Meter hoch, wurde 1813 fertiggestellt und hat eine Reichweite von 15,5 Seemeilen. Der rote eiserne Turm des Hauptfeuers Hörnum-Odde, 1907 erbaut, ist 33,5 Meter hoch und reicht 21,1 Seemeilen weit. Das Unterfeuer Hörnum-Odde, 7 Meter hoch, hat eine Reichweite von 17,3 Seemeilen.

Lindinger-Fähre 193

Liliencron, Detlev v. 199, 200

Limonit 37

Lion's Club 173, 174

List 7, 11, 38, 66, 139 ff, 199, 208

Lister Dünen 9, 11, 68, 193

Listland 140

Lister Tief 40

Listum 39, 139

Litoralstation: Das Institut am Lister Hafen ist eine Außen-Station der 1892 gegründeten „Biologischen Anstalt Helgoland" und untersteht dem Bundesminister für Forschung und Technologie. Aufgaben: Erforschung des Wattenmeeres, der verschiedenen Strömungen in den unterschiedlichen Tiefen des Meeres, der Muschelbänke, des Salzgehaltes des Meeres. Wer sich für Einzelheiten interessiert, kann unter 04652/4 28 vielleicht einen Besichtigungstermin samt fachkundiger Erklärung bekommen.

Lornsen, Uwe Jens 48 ff, 50, *69, 129, 172*

Lornsen-Hain 67

Lufthansa 89

M

Mandränke 39, 139

Mangelsen, Werner 172, 173, 174

Mann, Thomas 9, 9

Margarete von Dänemark 39

Marineversorgungsschule 142

Marsch 37, 66, *69*

St. Martin-Kirche 127, 127

Mataré, Ewald 132

Meeresheilkunde 64

Meerwasser 61

Mellhörn 142, 152

Mingotti, Antonio 129

Morsum 7, 69, 125, 127

Morsum-Kliff 71, 127, 128, 168, *199*

Morsumer Wäldchen 67

Müller, Otto 132

Munkmarsch 43, 66, 100, *128, 129, 205*

N

Naturschutz 199

Naturschutzverein Sylt/Nordfriesland 127, 196, 198

Nehrung 40

Niebüll 7, 86

Nissen, Bernhard 124, 124

Nordfriesische Inseln: Sie bestehen aus den drei großen Geest-Inseln Sylt, Amrum und Föhr (alle im Erdzeitalter Tertiär entstanden) und den Marschinseln Pellworm und Nordstrand (die nach der letzten Eiszeit entstanden). Um die Insel Pellworm herum liegen zehn Halligen, die nach der Sturmflut von 1362, der „Mandränke", entstanden sind. Sylt ist die größte und die am nördlichsten gelegene der nordfriesischen Inseln.

Nösse: Die Nössespitze hinter Morsum ist das östlichste Stück der Insel Sylt und nur acht Kilometer vom Festland entfernt. Das vom Nössedeich zwischen Keitum und Morsum eingegrenzte Gebiet wird als „Nösse-Koog" bezeichnet und ist fruchtbares Weideland. Die Nössespitze ist wie das Morsum-Kliff Naturschutzgebiet.

O

Odde: Die südliche Spitze von Sylt, gegenüber von Amrum in Hörnum gelegen, ist durch Meer und Wind besonders gefährdet. Bei Hörnum-Odde erwartet man den möglichen Durchbruch des Meeres und damit eine Teilung der Insel am ehesten. Allein bei der letzten Sturmflut 1976 holte sich der blanke Hans bei Hörnum-Odde rund 25 Meter Land. Der Spaziergang um die Südspitze der Insel, also um Hörnum-Odde, zählt zu den schönsten Wanderungen auf der Insel. Baden ist dort, wie auch an der nördlichen Spitze am Ellenbogen, wegen der auftretenden Strudel lebensgefährlich.

Österreich 40

Opferstatt 37

P

Penzoldt, Ernst 8, 8

Peters, Jan Peter 200

Petersen, Hans 171, 173, 173, *198*

Petersen, Jens-Uwe 69

Pfleiderer, Heinrich 63

Pidder Lüng 42

Planungsverband Sylt 193

Pollacsek, Dr. 83, 85

Preußen 40

Priel 37

Puan Klent 69

Q

Quallen 67

Queller: Der dickfleischige Stengel dieser häßlichen Pflanze hilft bei der Landgewinnung. Die vor allem im Watt gedeihenden Queller sorgen nämlich mit für die Verfestigung angeschwemmten Landes. Im Herbst werden die Queller dunkelrot und sehen in großen Mengen aus wie eine dichte blühende Wiese.

Quo Vadimus 197

R

Raabe, Wilhelm 8, 8

Ran 42

Rantum 38, 68, 120 ff, 175, 183, 199

Rasende Emma 125

Rathenau, Walter 9

Reet 70, *70, 179*

Reizklima 64

Restaurants: Nur diejenigen Lokale sind hier angeführt, die wegen ihrer Küche oder (und) wegen ihrer typischen Sylter Einrichtung gelobt und gepriesen werden:

Fisch-Fiete ist in Keitum zu finden. Den Vorgarten schmückt einer jener drei Anker, die aus dem Lister Königshafen geborgen wurden und angeblich aus der Schlacht von 1644 stammen. Fisch-Fiete bietet internationale Küche, Schwerpunkt natürlich Fisch. Während der Saison ist das Lokal auf Tage hinaus ausgebucht. Trotz Anbau und Gästestau heimelige Atmosphäre. Telefon 04651/3 21 50.

Gogärtchen: Während der Saison gehört es zu den absoluten Pflichten des Kampener Kurgastes, falls er „in" sein will, wenigstens einmal am Tag das Gogärtchen zu besuchen, egal ob abends oder nachmittags, wenn es den berühmten Kuchen gibt. Tischreservierungen sind während der Saison zwecklos, das Gogärtchen ist immmer voll.

Wer's nicht glaubt, kann ja mal anrufen unter Tel. 04651/4 28 49.

Käpt'n Hahn: Dieses Westerländer Restaurant galt lange Zeit als einzige Feinschmekker-Oase auf der Insel. Inzwischen haben mehrere Restaurants (so auch das „Landhaus Stricker") Hahn-Güte erreicht, wenn nicht sogar übertroffen. Immer noch aber ist die Triftstraße 10 in Westerland (Tel. 04651/54 61) eine gute Adresse für alle, die in Westerland nicht nur Currywurst essen wollen.

Kupferkanne: Das zu Recht berühmte Café-Restaurant auf der Kampener Heide an der Wattseite ist für Fremde schwer zu finden, was auch im Sinne des Besitzers ist. Günter Rieck, Bildhauer aus Passion, legt Wert auf exklusives Publikum, und das braucht keine Wegweiser. Rieck hat in einem ehemaligen Flakbunker und unter einem Hünengrab ein verwirrendes Labyrinth von Gängen und Nischen angelegt, in dem während der Saison getrunken, vorzüglich gegessen und getanzt wird. Um seine Kupferkanne herum hat Rieck im Verlauf der letzten 30 Jahre weit über 30 000 Büsche und Sträucher gepflanzt. Rieck, Flüchtling aus Ostpreußen, gestreßt in vier Ehen und gesegnet mit sieben Kindern, hat erst 1952 in einem Prozeß das Recht erstritten, seine Kupferkanne eröffnen zu dürfen. Prozeßgegner war der Amtmann von Sylt, Harald Hansen aus Kampen, der damals Angst hatte „vor dieser Neuzeit, die da auf uns zukommt". Hauptattraktion dieses Schmuckstücks am Watt ist im Sommer der Pflaumenkuchen, der im Garten serviert wird. Der Blick aufs Watt ist kostenlos. Tel. 04651/4 10 10.

Landschaftliches Haus: Alte Fliesen schmücken dieses Restaurant in Keitum, in dem früher die Vertretung Sylter Gemeinden, die sogenannte „Landschaft" tagte. Tel. 04651/3 18 40.

Milchkurhalle: Für Liebhaber von Reis mit Zimt und Zucker oder Roter Grütze in Suppentellern, frischen Joghurt-Gerichten und allen nur denkbaren Milch-Mixgetränken ist dieses Lokal auf der Westerländer Strandpromenade gerade an heißen Sommertagen ein kühler Tip. Die Preise haben Festland-Niveau, hier können Familien mit Kindern Mittag machen. Spezialität: Milchspecksuppe. Telefon 04651/2 28 08.

Pony: Die Diskothek mit angeschlossener Bierbar – diese wird vor allem von Einheimischen besucht – galt in Kampen lange als die „in"-Bar. Bis das „Village" eröffnet wurde und dem Pony viele Gäste wegschnappte, konnte es sich Renate Götsch leisten, an der Eingangstür „Gesichtskontrolle" zu betreiben und unerwünschte Gäste abzuweisen, was bei der Schikkeria fröhliche Zustimmung fand. Inzwischen sind Pony-Besitzer Renate und Gebi Götsch dankbar für jeden Besucher, ob man ihn nun kennt oder nicht. Woran man sieht, daß sich auch in Kampen die Zeiten geändert haben. Pony-Telefon: 04651/42181.

Stadt Hamburg: Das berühmte Hotel, auch als Restaurant gepriesen, ist eine der letzten Oasen des Geschmacks im lauten Westerland. Ganzjährig geöffnet. Tel.: 04651/70 58.

Village: Die Kampener Anlage – Bar, Diskothek, Restaurant, Sauna, Garten – hat dem Besitzer Rolf Seiche Popularität und Geld eingebracht. Hohe Preise schrekken während der Saison keinen ab, oft muß das Lokal wegen menschengefährdender Überfüllung geschlossen werden. Die Disko-Musik ist die beste, die auf der Insel geboten wird, und dementsprechend heiß geht es auf der winzigen Tanzfläche zu. Tischbestellung während der Saison ist Pflicht. Tel.: 04641/4 12 39. Warnung: Auch die Provinz-Schickeria findet das Village schick . . .

Rotes Kliff: Ursprünglich bestand dieses fast vier Kilometer lange und über 25 Meter hohe Kliff zwischen Kampen und Wenningstedt aus grauem eisenhaltigen Geschiebelehm, entstanden am Ende der vorletzten Eiszeit. Durch chemische Reaktion des Eisens entstand die braune bis rote Färbung, daher der Name Rotes Kliff. Das Kliff ist durch Sturmfluten bedroht, 1976 brach das Rote Kliff zu Kampen fast 20 Meter ab, vor allem den vom Lehm in „ruhigen" Zeiten überlagerten Kaolinsand. Wenn der Kaolinsand absinkt, verliert auch das Kliff an Höhe. An seinem Ende nördlich von Westerland ragt es nur noch etwa einen Meter über den beginnenden Sandstrand.

Rungholtflut: Die „Burchardiflut" von 1634, bei der Sylt ein Drittel seines Landes verlor, wird auch als Rungholtflut bezeichnet, weil bei dieser Katastrophe auch die sagenhafte Stadt Rungholt, reich wie keine andere zu ihrer Zeit, untergegangen ist. Theodor Storm beschrieb sie in seiner „Halligfahrt"-Novelle: „Einst zu König Abels Zeiten und auch später noch stand es eben im Sonnenlichte mit seinen stattlichen Giebelhäusern, seinen Türmen und Mühlen. Auf allen Meeren schwammen die Schiffe von Rungholt und trugen die Schätze aller Weltteile in die Heimat – wenn die Glocken zur Messe läuteten, füllten sich Märkte und Straßen mit blonden Frauen . . . und die Männer standen hohnlachend auf den Deichen, die Hände in den Taschen und riefen auf die anbrüllende See hinab: ‚Trotz dir, blanke Hans'. Aber das rotwangige Heidentum, das hier noch in uns allen spukt, bäumte sich noch einmal auf gegen den blassen aufgezwungenen Christengott. die Männer von Rungholt beriefen eines Tages einen Priester und hießen ihn einer kranken Sau das Abendmahl geben. Da ergrimmte der Herr und ließ wie zu Noahs Zeiten seine Wasser steigen, und über die Deiche und Mühlen und Türme schwollen sie und Rungholt mit seinen blonden Frauen und seinen trotzigen Männern . . . dort steht es unten, unsichtbar und verschollen auf dem Boden des Meeres. Und zu Zeiten bei hellem Wetter, wenn in der einsamen Mittagsstunde die Wimpel schlaff am Mast herunterhängen und die Schiffer in der Koje schnarchen, dann dünt es auf. Wer dann mit wachen Augen über Bord ins Wasser schaut, kann gewahren, wie Türme mit goldenen Gockelhähnen aus der grünen Dämmerung aufsteigen . . ."

S

Auf den Seiten 8 - 11 wurden Zitate mit freundlicher Genehmigung folgender Verlage abgedruckt: S. Fischer Verlag, Frankfurt a.M. (Thomas Mann, Der Zauberberg); Insel-Verlag, Frankfurt a. M. (Rainer Maria Rilke, Neue Gedichte); Verlag Kipenheuer & Witsch, Köln (Alfred Kerr, Die Frieseninsel aus „Die Welt im Licht"); Verlag Ullstein, Berlin (Carl Zuckmayers „Sylvesterspruch 1932" aus Kurt Lothar Tank, Sylter Lesebuch)

Bildernachweis:
Preußischer Kulturbesitz, dpa, Keystone, Dix, Strelow, Willot, Müller, Braue: S. 8-10, Franz Kliebhan: S. 12/13, 68, Sylter Archiv: S. 45, 47, 50, 51, 83, 84, 85, 87, 89, 90, 92, 100/101, 103, 104/105, 125, 132/133, 149, 162/163, 173, 175, 196/197, 201, 212, 213, Kurverwaltung Westerland: S. 62, Robert Lebeck: S. 102, 218/219, Cornelius Meffert: S. 160/161, Christians-Verlag: S. 87, Walter Strenge: S. 102, G. Wanzke: S. 106/107, Luftbild Rüpke: S. 121, 210/211, privat: S. 97, 134, 141, 147, 150, 179, 180/181, 228/229. Alle anderen Bilder: Tassilo Trost. Titel: Rüpke. Zeichnungen: Monica Polasz.

Die Verfasser des Buches wurden in ihrer Arbeit von Victor Bender, Leiter des Sylter Archivs, und Ernst Artur Albaum, STERN, mit großem Engagement unterstützt.